AF313994

ÉTUDE SUR BAYLE

4804. Paris. Imprimerie Guiraudet et Jouaust,
rue Saint-Honoré, 338.

ÉTUDE

SUR

BAYLE

PAR

C. LENIENT

ANCIEN ÉLÈVE DE L'ÉCOLE NORMALE

AGRÉGÉ DE L'UNIVERSITÉ

« Mundum tradidit disputationi eorum. »
(ECCLESIAST., ch. 3, v. 21.)
« Non volo mortem impii, sed ut conver-
tatur et vivat. » (EZÉCH., ch. 33, v. 14.)

PARIS

CHEZ MADAME Vᵉ JOUBERT, LIBRAIRE

RUE DES GRÈS, 14

1855

À la Mémoire vénérée
de mon excellent Maître et Ami

M. Jubé

Chef d'Institution

Officier de la Légion = d'Honneur

Hommage de reconnaissance

PRÉFACE

En commençant cette étude, notre intention n'est pas d'é-
crire une apologie ni une réfutation de Bayle : depuis long-
temps l'admiration et la haine ont fait pour et contre ce nom
tout ce qu'elles pouvaient faire. Nous ne songeons pas non
plus à donner une analyse complète et suivie de ce vaste ensemble d'ouvrages où la confusion le dispute à l'esprit et à
l'érudition : une telle entreprise dépasserait les limites d'une
thèse et les forces d'un lecteur ordinaire. Des Maizeaux a tenté de le faire, dans sa Vie de Bayle, avec toute la patience
d'un biographe et d'un ami, mais sans méthode et sans critique. L'abrégé publié par De Marsy est moins une analyse
qu'un recueil de pensées et de morceaux choisis avec un certain esprit, qui mena l'auteur à la Bastille.

Pour nous, notre plan est tout différent : nous voulons seulement montrer, d'un côté, le principe de contradiction appa-
raissant à la fin du XVIIe siècle, et préparant sur tous les
points, en religion, en philosophie, en politique, en histoire
les représailles de l'âge suivant ; de l'autre, le principe de tolérance se produisant par contrecoup, et sous forme de pro
testation, en face de la révocation de l'édit de Nantes. Telles
sont les deux idées qui dominent tout le scepticisme de Bayle.
L'une en est le moyen, l'autre la fin : il s'agit d'expliquer
comment elles se lient et s'engendrent mutuellement dans son
système.

Peut-être aujourd'hui nous sera-t-il permis de juger à distance ce formidable *jeu de bascule* à l'aide duquel l'auteur du Dictionnaire étonna et étourdit ses contemporains. Nous pouvons l'examiner avec une curiosité impartiale, comme ces antiques machines de guerre, jadis instrument de terreur et de destruction, maintenant simple souvenir et pacifique ornement de nos musées. Certains amis de la paix s'effraient volontiers à la vue d'une arme, si vieille et si rouillée qu'elle soit, dans la crainte qu'un tel spectacle n'éveille des idées belliqueuses :

Bella, horrida bella.

Que ceux-là se rassurent : si nous parlons de la guerre, ce n'est pas pour en faire l'éloge. La seule question sur laquelle nous soyons d'accord avec Bayle est celle de la tolérance. Or la tolérance c'est la paix. Sur tous les autres points, nous l'abandonnons aux sévérités de la critique. Nous blâmons énergiquement ses licences de parole, ses abus de raisonnement, ses plaisanteries souvent inconvenantes, ses paradoxes gratuits qui alarment les consciences et troublent les esprits. Lors même qu'il s'agit de progrès et de justice, nous ne sommes pas de ceux qui croient que la fin justifie les moyens. Le scepticisme est un mal dont notre siècle a trop souffert, pour remercier sans réserve ceux qui nous l'ont apporté.

ÉTUDE SUR BAYLE

CHAPITRE Ier.

BAYLE. — DE SON CARACTÈRE ET DE SON TEMPS.

Montaigne s'était endormi nonchalamment, comme il l'avoue lui-même, sur le mol oreiller du doute ; Pascal n'avait pu y reposer sa tête rêveuse et malade, et il était allé chercher la paix au pied de la croix ; Descartes, après avoir introduit le doute sous condition en philosophie, l'avait contraint de reculer devant cet axiome irrésistible : *Je pense, donc je suis.* L'austère et religieuse école de Port-Royal, le ferme bon sens des Nicole, des Arnauld et des Bossuet, la volonté impérieuse de Richelieu et de Louis XIV, achevèrent ce que le Traité de la méthode avait commencé.

Vaincu sous ce triple effort de la raison, de la foi et de l'autorité, le scepticisme survécut à peine chez quelques beaux-esprits érudits ou désœuvrés ; mais il se joue à la surface, sans pénétrer au cœur même de la société. C'est un travers plutôt qu'une maladie morale. La Mothe le Vayer, le plus célèbre des érudits qui continuent dans la première partie du XVIIe siècle l'école des Montaigne et des Charron, n'est qu'un douteur de cabinet, sans influence sur le temps où il a vécu. Son scepticisme, simple profession d'insouciance et d'indépendance personnelle, ne l'empêche pas d'être nommé gouverneur du duc d'Orléans, frère du roi. Huet, l'élégant pyrrhonien de la foi, est un homme religieux, un partisan de la tradition, qu'il défend contre Descartes, l'ennemi des anciens. Desbarreaux lui-même, le plus hardi des libertins, compose des sonnets dévots quand il a la fièvre, et s'attire de Boursault cette piquante épître : « *A M. Desbarreaux, qui croit en Dieu lorsqu'il est malade.* » En général, les esprits forts du XVIIᵉ siècle suivent la maxime de Bachaumont, le joyeux ami de Chapelle : ils vivent à la porte de l'Église et meurent dans la sacristie. Leur incrédulité est surtout extérieure ; la foi reste au fond : l'heure du combat n'est pas encore venue.

Après un demi-siècle d'interrègne, le scepticisme se remet en marche ; il reparaît triomphant dans Bayle. Cette fois il a pris un caractère particulier. Malgré ses protestations pacifiques, il est devenu plus envahisseur et plus remuant. Il n'est pas seulement un amusement d'érudit ou un caprice d'épicurien esprit fort ; il passe du cabinet dans le monde, des petits soupers de Ninon et de Saint-Evremond dans l'arène où luttent Jurieu et Bossuet. Toutes les questions du jour, politiques et religieuses, philosophiques et historiques, il les embrasse. L'apparition d'une comète, un édit de Louis XIV, un livre d'Arnauld ou du P. Maimbourg, un manifeste de Pélisson, deviennent pour lui autant de sujets de controverse. Mêlé désormais à la polémique active des partis, armé d'une science prodigieuse, d'une dialectique rapide, incisive, dissolvante, qu'il lance tour à tour sous forme de pamphlet et de journal, de brochure et de dictionnaire, il instruit devant l'opinion publique le procès du présent et du passé. — C'est un moment solennel dans l'histoire que celui où commence à chanceler de toutes parts ce vaste édifice de croyances et de traditions qu'avait élevé le génie organisateur du XVIIe siècle : heure terrible qui annonce les grandes batailles ! heure d'incertitude et de déchirement, comme celle dont parle Salluste, lorsqu'à la voix des Gracques le monde romain sembla tressaillir d'un sourd tremblement de terre... *Quasi permixtio terræ oriri cœpit* (1).

Bayle est le précurseur de cette révolution.

La Réforme, après avoir introduit dans le monde l'esprit d'examen et de révolte, avait fini par substituer une affirmation à une autre, l'autorité de Calvin à celle du pape. Les deux dogmatismes étaient en présence : aux luttes sanglantes du XVIe siècle avaient succédé les discussions théologiques de Bossuet contre Jurieu, de Nicole et d'Arnauld contre Claude. En philosophie, Aristote et Descartes se partageaient l'empire des esprits. La Scholastique conservait encore de nombreux partisans, surtout parmi les théologiens. Cependant le Cartésianisme, après avoir excité quelques défiances et malgré l'opposition des Jésuites, avait conquis tous les grands noms du siècle, Arnauld, Bossuet, Fénelon, Malebranche. Epicure, lui-même, comptait quelques fidèles disciples de sa physique et de sa morale, attardés sur les pas de Gassendi ou de la belle duchesse de Mazarin. En politique, le Catholicisme, revenu des emportements de

(1) Sall., Jugurt. bell., ch. 41.

la Ligue, avait uni sa cause à celle de la monarchie absolue (1). Le Protestantisme, par esprit de rivalité, surtout depuis les dernières persécutions, opposait aux droits des rois ceux des peuples, et introduisait dans le gouvernement l'idée de contrat (2). En histoire, chaque parti continuait à rédiger ses annales au détriment de ses adversaires.

Bayle vient tout à coup se poser entre les deux camps, sur un terrain neutre. Il n'est pour personne et il est contre tout le monde. Comme il l'avouait lui-même un jour à l'abbé de Polignac, il est protestant dans le sens le plus absolu du mot : il proteste contre tout ce qui se fait et tout ce qui se dit. A cela près, nul homme n'est plus pacifique que lui. Jusque alors les partis ont été nettement tranchés ; chacun a son drapeau, sa doctrine bien arrêtée. Bayle n'en a aucune, il les attaque, les défend et les confond toutes.

L'arrivée de ce nouveau combattant, qui servait et trahissait tour à tour chaque parti, déconcerta d'abord les plus habiles. Elle causa de singulières méprises. Jurieu crut un moment que la cause protestante allait trouver en lui un ferme appui, une de ces plumes dont elle avait grand besoin pour résister à ses adversaires ; mais il s'aperçut bientôt que ce prétendu allié tirait sur ses propres troupes. Des deux côtés on s'accorda à le signaler comme un ennemi.

Nul homme, en effet, n'avait des allures et des opinions plus contraires à l'esprit du XVIIe siècle. Un chré-

---

(1) Bossuet, **Politique tirée de l'Ecriture.**
(2) **V. Avis aux réfugiés.**

tien qui pense qu'on peut être athée et honnête homme ; un protestant qui admire la papauté ; un réfugié
qui prend la défense de Louis XIV contre les libelles de
ses coreligionnaires ; un philosophe qui regarde Platon,
Aristote, Descartes, *comme des inventeurs de conjectures* ; un théologien qui ne croit guère plus à l'influence
des comètes qu'à l'autorité des consistoires et des conciles ; un historien qui se joue des traditions, qui juge
David, le roi prophète, comme un simple particulier,
qui compare la politique de Salomon à celle du grand
Turc ; un rationaliste qui se raille de la raison ; un savant qui rit de la science ; un écrivain qui dédaigne la
gloire littéraire ; un ami de la liberté qui déplore *les
préjugés démocratiques* répandus parmi les réformés ;
un partisan de la monarchie qui révoque en doute le
droit divin des rois, devait surprendre cette société si
entière et si exclusive dans ses convictions. Comment
donc s'était formé en France, sous le gouvernement absolu de Louis XIV, ce singulier génie ? Comment put-
il remplir l'Europe de son nom, de ses livres, et exercer
une influence aussi sérieuse ? Quelques mots sur sa
vie, son caractère et son temps, nous aideront à l'expliquer.

Né au Carlat, en Languedoc, dans un pays où les
haines religieuses ont conservé, même de nos jours,
une grande vivacité, Bayle devint de bonne heure le
témoin et la victime de ces tristes discordes. Il a lu ou
entendu raconter la longue et lamentable histoire des
guerres du XVIe siècle ; il a pu voir encore les ruines
accumulées dans le Midi, les familles proscrites, les
temples renversés, les villes dévastées ; et le spectacle

de ces désastres, qui avait exalté la verve satirique de
d'Aubigné, qui échauffait la bile de Jurieu, qui faisait
désirer à tant d'âmes ulcérées le jour des représailles,
produisit sur lui un effet tout différent. Il y puisa la haine
de l'esprit de parti et de toute doctrine affirmative ou
dominante ; seulement, comme il arrive trop souvent
dans les temps de lutte, il tomba d'un excès dans un
autre, et, à force de combattre les abus du dogmatisme,
s'abandonna à tous les hasards du doute et de l'incrédulité.

Esprit mobile, délié, indécis, prompt à saisir le pour
et le contre de toutes les questions ; nature indisciplinée,
quoique sans violence, ennemie de la contrainte et de
la méthode (1), trop sèche et trop froide pour éprouver
une foi vive, douée d'une curiosité insatiable, d'un bon
sens défiant qui mène aisément au doute par crainte de
l'exagération, passionnée pour toute espèce de disputes,
Bayle, à défaut de système, était déjà disposé par
tempérament à rejeter le joug d'une autorité trop
absolue.

Les événements achevèrent de développer en lui ces
instincts d'indépendance. Eloigné de Paris, où il ne
s'arrête qu'en passant, il traverse la société du XVIIe
siècle sans se laisser envelopper par elle, sans en adopter ni les manières ni le langage. Tout jeune encore, il
quitte la maison paternelle pour échapper à la rigueur
des édits contre les hérétiques relaps. Il vient comme
précepteur à Coppet, en Suisse, sur cette vieille terre

____

(1) « Je n'avais jamais suivi de méthode, jamais consulté, en fait
de méthode, ni les vivants ni les morts.» (Réfl. sur le prét. jüg. du
pub.).

d'opposition, où Calvin avait déjà trouvé avant lui un asile et un empire. De Coppet il passe à l'université protestante de Sédan, et obtient, après un brillant concours, la chaire de philosophie (1675). Mais là encore la main de Louis XIV l'atteignit. La ville de Sédan, propriété du duc de Bouillon, fut réunie à la France en 1681, et l'université supprimée. Bayle reprit sans trop de peine le chemin de l'étranger. La Hollande, qu'il appelle lui-même *la grande arche des réfugiés*, lui ouvrit ses portes. Il se rendit à Rotterdam, en compagnie de Jurieu, sur l'invitation d'un des citoyeus les plus recommandables du pays, M. Paets, austère républicain, parent du grand-pensionnaire de Witt. Il y retrouva une chaire de philosophie, instituée en sa faveur. Singulière destinée qui amenait ainsi, à deux siècles de distance, le précurseur de Voltaire, l'auteur du *Dictionnaire critique*, dans la même ville où Erasme, celui que Bayle appelle le saint Jean-Baptiste de Luther, avait écrit ses Colloques et son Eloge de la folie. Les premiers coups de la réforme religieuse étaient partis de la Hollande : la révolution philosophique avait suivi la même route avec Descartes; elle allait en sortir sous une forme nouvelle encore une fois.

Ce petit coin de terre perdu au milieu des sables et des marais était devenu le foyer de l'opposition libérale et protestante contre le principe monarchique et catholique, personnifié dans Louis XIV. Là, tout, jusqu'au sol conquis sur la nature, attestait le triomphe et l'orgueil de la liberté humaine. Là, les cultes les plus opposés, protestants, catholiques, sociniens, anabaptistes, arminiens, juifs, etc..., vivaient côte à côte, à l'abri d'une tolérance presque complète. Les persécutions dirigées contre les arminiens n'avaient été que passagères ; l'esprit public y répugnait. L'année même où le roi de France, enivré de sa gloire et de sa jeunesse, se faisait représenter sous les traits du soleil, avec cet exergue menaçant pour l'Europe : *Nec pluribus impar*, les bourgeois d'Amsterdam avaient frappé, disait-on, en réponse, une médaille représentant Josué avec cette divise : *In meo conspectu sta sol* (1). Cette guerre contre la personne, le gouvernement et les idées de Louis XIV, dura près d'un siècle. La Hollande lança contre lui ses vaisseaux, ses diplomates, son stathouder, son argent, ses livres. Tandis que Guillaume d'Orange réunissait dans un suprême effort toutes les forces de l'Europe coalisée contre la France, les libraires de la Haye et d'Amsterdam se liguaient de leur côté pour achever d'accabler le grand roi. Leurs presses infatigables faisaient pleuvoir chaque jour une nuée de pamphlets, d'écrits séditieux, qui tombaient comme autant de fusées incendiaires sur l'antique édifice de la monarchie française. Là s'imprimaient les grands livres de controverse, les projets de réforme politique, les lettres pastorales de Jurieu, et cette terrible gazette, *véhicule des médisances de toute l'Europe* (2).

C'est au milieu de cette guerre de satires et de diffamations qu'a vécu Bayle ; mais, hâtons-nous de le dire à sa louange, il fut l'ennemi constant des violences et

______

(1) Voltaire, Siècle de Louis XIV. — V. Hist. de Colbert, par M. Clément.
(2) Lett. de Bayle à M. Minutoli, 1er mai 1675.

des calomnies. Une seule fois, dans un moment de colère, encore tout ému par la révocation de l'édit de Nantes, il laissa echapper un libelle, qu'il désavoua et réfuta lui-même presque aussitôt, *la France toute catholique sous Louis le Grand*. Après avoir été proscrit avec les siens, après avoir vu son frère mourir en prison à la suite des dragonnades, alors que tant de haines légitimes poussaient les protestants entre les bras de nos ennemis, il sut garder assez de justice à l'égard de la France et de son roi pour mériter les défiances des réfugiés et les rancunes impitoyables de Guillaume III. Ses relations avec M. Amelot, ambassadeur français en Suisse, et sa prétendue participation *au projet de paix* (1), lui valurent une destitution. Jurieu, devenu son ennemi, l'accusa hautement de n'avoir d'autre divinité que Louis XIV. Telle fut probablement l'origine de ce bruit absurde, accrédité parmi les protestants, qu'il allait être rappelé en France, avec une pension de 6,000 livres.

Les bienfaits de Louis XIV eussent été étrangement placés : car plus que personne, sans le vouloir peut-être, Bayle contribua à ruiner l'œuvre du grand roi. Avec lui l'esprit d'examen rentrait sourdement dans le monde, enveloppé de réticences et de précautions. La modération même de ses attaques était un danger de plus : elle devait séduire un certain nombre de ces mécontents timides et irrésolus assez disposés à se dédommager des ennuis d'une longue obéissance par un quart d'heure d'opposition.

L'esprit critique et contradicteur était mort en France

____

(1) Vie de Bayle, par Desmaizeaux.

depuis un demi-siècle. La prise de la Rochelie, l'abaissement de la noblesse, la défaite des parlements, la fondation de l'académie française, enfin, plus tard, la révocation de l'édit de Nantes, attestent partout, en religion, en politique, en littérature, le triomphe de l'autorité. Jamais puissance ne parut plus solidement assise : elle se recommandait au respect des peuples par la gloire et les bienfaits qu'elle leur avait procurés. Mais cette heure fatale du déclin, dont parle Sénèque, approchait pour elle. Comme toutes les puissances arrivées à leur apogée, la royauté tomba dans l'adoration d'elle-même. Or il n'est rien de plus funeste aux grandeurs humaines que de se diviniser de leurs propres mains : Dieu semble prendre à tâche de leur jeter un démenti.

Ces conquêtes en pleine paix faites après le traité de Nimègue, ces prétentions avouées d'envahissement et d'asservissement universel (1), soulevèrent contre Louis XIV d'amères critiques, en France et à l'étranger. D'un autre côté, les tendances oppressives du catholicisme, les persécutions dirigées contre les Huguenots, les progrès d'une dévotion étroite, acariâtre, ombrageuse, qui s'imposait à la cour et à la ville, les malheurs publics et privés qui attristèrent la fin de ce règne si brillant dans ses commencements, l'influence toujours croissante d'une femme et d'un ministre impopulaires, le vide et le silence qui se faisaient autour du monarque,

---

(1) « L'Europe a vu échouer avec joie les ambitieuses entreprises de la maison d'Autriche. *Je reviens souvent là, tant je souhaite que nous profitions d'un exemple d'aussi fraîche date.* » (Pens. sur les com., ch. 255, 1ʳᵉ part.) — V., dans l'abbé de Saint-Pierre, les mêmes craintes et les mêmes vœux.

l'apparition d'une dynastie jeune, libérale, glorieuse en
Angleterre (1), diminuaient aux yeux de bien des gens
le prestige de ce régime fait à l'image du roi, et qui
semblait devoir s'éteindre avec lui.

C'est au moment où les imaginations se désenchan-
tent que paraît Bayle. Avec sa nature curieuse, froide,
critique, peu disposée à l'enthousiasme; avec son érudition indiscrète et tracassière, il était merveilleusement
préparé à jouer ce rôle d'inquisiteur contre le passé.
L'esprit de contradiction, condamné à un si long silence,
allait prendre sa revanche. Par dessus ces cinquante années du despotisme le plus glorieux et le plus national
peut-être qui fut jamais, Bayle tend la main aux libres
penseurs du XVIe siècle et les rattache à ceux du XVIIIe.
Homme de transition, il a des uns la vaste érudition un
peu confuse et désordonnée, le bon sens narquois et
sceptique mêlé de vieille ironie gauloise, souvent aussi
la prolixité et la nonchalance malicieuse; des autres, la
critique vive et superficielle, la légèreté vagabonde,
l'esprit inquiet et destructeur. En général, les écrivains
du XVIIe siècle se distinguent par la vigueur et la fer-
meté de la pensée : tout se tient et s'enchaîne dans leur
esprit, politique, philosophie, religion. A partir de
Bayle, cette trame puissante est rompue : le travail de
décomposition se trahit par le choc et la confusion des
idées. C'est le chaos qui recommence, en attendant qu'il
en sorte une nouvelle création. A la logique nerveuse
et serrée, telle que nous la trouvons dans Port-Royal,

____

(1) « *Ce pays est à présent le grand théâtre du monde.* » (OEuv. de
Bayle, t. II. — Lett. à M. Minutoli, 6 oct. 1689.)

dans Bourdaloue et dans Bossuet, succède une dialectique vive, sautillante, capricieuse, habile à nouer les
sophismes, faite pour l'analyse qui dissèque et détruit,
mais incapable de s'élever à la synthèse qui organise et
compose. Cette opposition n'éclate pas seulement dans
les idées, mais dans le langage. Ne demandez pas à Bayle
le pur idiome classique et littéraire du grand siècle, avec
sa forme élégante et polie, sa dignité sévère et ses scrupules aristocratiques. A l'exemple de son maître, La
Mothe le Vayer, il tient pour la vieille manière d'écrire,
libre, courante et négligée. Ennemi de tout dogmatisme, même grammatical, il ne respecte pas plus
l'autorité de Vaugelas que celle de saint Augustin ou
d'Aristote. Il semble qu'il prenne plaisir à bouleverser
l'étiquette des mots comme celle des idées, à forcer les
pruderies de la langue française, en lui imposant des
hardiesses dont le latin seul a le privilége. Ce style im-
provisé est celui du journaliste et du pamphlétaire, style
de combat comme sa dialectique, ancien et nouveau à
la fois. Les latinismes, les locutions provinciales, qui reviennent encore çà et là, rappellent Amyot et Montaigne, ses auteurs favoris; l'allure dégagée, les mots salés,
le ton épigrammatique, annoncent déjà Voltaire.

Jeté au milieu de cette société régulière et disciplinée,
où la guerre elle-même se faisait avec une sorte de sy-
métrie, Bayle trouvait devant lui un corps de doctrines
formidable. Venir les heurter en face eût été imprudence
et folie. En tacticien habile, il sut étudier le terrain; il
employa à l'égard du XVIIe siècle une manœuvre analogue à celle dont Bonaparte usa pour les Alpes : il le
tourna, au lieu de l'attaquer de front.

Dans le vaste champ de la religion , de la philosophie , de l'histoire, il court à droite et à gauche, *vago
more;* bat les buissons comme un écolier échappé ; se
lance après la première objection qui se présente, croise,
mêle , brouille les questions les plus diverses , souvent
aussi, comme les dieux d'Homère, se dérobe au milieu
des nuages qu'il assemble autour de lui. Mais à travers
ces étourderies apparentes il y a toujours un fond de
prudence et de timidité. Bayle n'est point un chef d'é-
cole enthousiaste comme Rousseau, entreprenant et
audacieux comme Voltaire ; il n'a point, comme le patriarche des Délices, une armée de disciples, missionnai-
res philosophiques chargés de propager ses idées dans
le monde : il s'inquiète peu de faire des prosélytes ou
des admirateurs; il lui suffit de trouver des lecteurs ju-
dicieux, sans prévention, et des abonnés pour son journal.
La guerre qu'il fait aux hommes et aux idées est souvent clandestine, toujours prudente et modérée. Il semble avoir pris pour devise cette maxime d'Erasme :
« *Non amo veritatem seditiosam.* »

Ce mélange d'audace et de timidité, de franchise et
de diplomatie, convenait bien à une guerre d'avant-garde,
de tâtonnements furtifs, d'attaques dissimulées ou désa-
vouées. Toute révolution, religieuse, politique ou philosophique, a ses éclaireurs qui frayent la route, souvent
sans le savoir ; puis vient le gros des combattants, les
chefs de parti , destructeurs avoués ou organisateurs.
Les premiers s'appellent Erasme ou Bayle, les seconds
Calvin ou Voltaire. Bayle n'a point d'armée à conduire,
point de doctrines à représenter : disputant au jour le
jour, sans s'inquiéter de ce qu'il a dit la veille ou de ce

qu'il dira le lendemain, il est seul, et c'est ce qui fait sa force.

Dans cette guerre de partisan, on le voit épuiser toutes les ruses de la polémique. Il se couvre de l'anonyme (1), se déguise en catholique pour donner ses Pensées sur les comètes, dépiste les recherches en changeant brusquement de ton et de style dans sa Critique générale de l'histoire du calvinisme, publie sous le nom d'un pasteur presbytérien son Commentaire philosophique (2) ; en un mot, lance un livre comme un pétard, en se tenant soigneusement caché ; puis, quand l'explosion est faite, du fond de sa retraite il suit de l'œil l'effet produit ; double, triple, quadruple au besoin les réflexions sur le même sujet, avec ce tact du publiciste qui sait exploiter une veine heureuse, en ménageant la curiosité (3). Plus tard viennent les indiscrétions des amis et des libraires, les dénonciations de Jurieu, qui révèlent au public le véritable auteur. Tout compte fait, il y gagne en gloire et en repos : sa réputation s'accroît de tout le bruit que soulève autour d'elle une controverse

---

(1) « Je ne blâme point ceux qui se nomment à la tête de leurs ouvrages, mais j'ai toujours eu une secrète antipathie pour cela. » (Préf. du Dict.)

(2) « Ces messieurs de Londres ont une étrange démangeaison d'imprimer. On leur attribue un Commentaire philosophique sur les paroles de saint Luc : Contrains-les d'entrer, qui, *en faisant semblant de combattre les persécutions papistiques*, va à établir la tolérance des Sociniens. » (Lett. à M. Lenfant. Amsterdam, 1687.)

(3) Addit. aux Pens. sur les com. — Contin. des Pens. sur les com. — Nouvelles réponses aux questions d'un provincial, 1re, 2e, 3e, 4e part. — Comm. phil., 1re, 2e, 3e part. — Suppl. au Comm. phil.

dont l'auteur est inconnu. Tantôt Bayle se rend et avoue, tantôt il nie intrépidement; il récuse jusqu'au bout le prétendu Projet de paix, qui ne lui appartient pas en effet, et l'Avis aux réfugiés, dont il fut sinon l'auteur, du moins le complice (1). Cette lutte de Bayle contre le XVIIe siècle rappelle sous certains rapports et avec des proportions plus vastes, celle d'Euripide contre Eschyle dans les Grenouilles d'Aristophane, le poète sophiste et bel esprit *déchiquetant à coups de langue*, à force de subtilités, les graves et robustes pensées du vieux poète religieux.

---

(1) *Baylium cum Gallis clam convenisse eo usque proditum mihi est; nempe famosi libelli* Avis aux réfugiés *eum quidem non ipsum auctorem fuisse, sed accepisse a Pellissonio et editionem tamen adjuvasse et hoc pacto censuram meruisse.* » (Leibn. op., t. v, p. 188.)

L'abbé d'Olivet attribue cet ouvrage à M. de Larroque, protestant converti et ami de Bayle. (V. Biblioth. germ., t. xlvii, p. 231. — Biblioth. rais., t. xv, p. 344.)

CHAPITRE II.

NATURE ET BUT DU SCEPTICISME DE BAYLE.

Le but du scepticisme, tel que le définit Sextus Empiricus, est de conduire l'homme à cet état moyen d'indifférence appelé *métriopathie*, *ataraxie*, qui est, selon lui, l'idéal du bonheur et de la liberté. La suspension du jugement (ἐποχή), autrement dit l'incertitude absolue sur toute espèce de choses, est le seul moyen d'y arriver. Pyrrhon fut le père de cette doctrine et lui donna son nom. Mais pour Pyrrhon, créé grand-prêtre à son retour de l'expédition d'Asie, comme pour Montaigne et La Mothe Le Vayer, l'indifférence est surtout une vertu privée, vertu d'école ou de cabinet, à l'usage du sage et de ses amis : Bayle veut en faire une vertu publique, qui pénètre dans les mœurs et dans les lois. Le sceptique est un médecin, un ami de l'humanité (ἰατρὸς καὶ φιλάνθρωπος) ; il guérit l'homme de la crédulité, de l'orgueil, de l'entêtement. Bayle veut étendre le remède à la société tout entière, ou du moins à ceux qui l'instruisent et la gouvernent, à tout ce qui lit, pense et raisonne (1). Le monde est travaillé d'une maladie de despotisme et d'intolérance. C'est elle qui a dicté la révocation de l'édit de Nantes, elle qui a jeté hors de

(1) Voltaire, Siècle de Louis XIV, ch. 36.

France des milliers de familles sans pain le long des routes, elle qui l'a forcé lui-même à quitter tout jeune encore la maison paternelle. Il voit autour de lui des partis qui se proscrivent, des théologiens qui se renvoient l'anathème, des philosophes qui s'accusent d'erreur, des historiens qui se reprochent leurs mensonges, des politiques qui sacrifient l'humanité à un système. des académies qui se prétendent souveraines en matière de goût; et il en conclut que le mal vient des convictions trop absolues et de la chaleur que l'on met à les défendre et à les faire triompher. Avec de la bile et du zèle, on est facilement amené à condamner, à proscrire, et même à brûler son semblable. Tant que l'homme croira posséder seul la vérité, il sera tenté de l'imposer par force. Il faut donc, selon Bayle, lui enlever à tout prix cette croyance; il faut rabattre ces convictions hautaines et les rendre plus douces, plus flexibles, en leur inspirant le sentiment de leur propre faiblesse :

Numinis ut læsi fiat mansuetior ira.

(Ov.)

L'antiquité nous a transmis le souvenir de ces êtres fabuleux, placés à la porte des villes, qui arrêtaient les passants par des énigmes. Bayle se pose ainsi sur la route des docteurs de toutes les écoles et s'amuse à les embarrasser par ses questions. Lui-même s'intitule un *questionneur fâcheux*. Ailleurs, il écrit au P. Tournemine : « Jupiter Assemble-Nues, j'aspire à étouffer l'étourdissant tonnerre des arguments et des *distinguo*. » Son œuvre est d'inquiéter et d'ébranler les vérités les mieux établies, d'obscurcir les démonstrations les plus claires, de ressusciter les erreurs condamnées depuis des siècles, et de prêter pour un moment à ces fantômes l'apparence de la réalité. Il se fera volontairement l'avocat des plus mauvaises causes, même de celles qu'il appelle impies et détestables ; il deviendra tour à tour manichéen, socinien, pélagien, disciple d'Epicure, d'Aristote ou de Descartes, pour montrer qu'en matière d'opinion tout peut se comprendre et se justifier.

Aux partisans absolus de la révélation et de l'autorité en matière religieuse, il répondra « qu'à l'exception des mystères, toute vérité, pour être admise, doit avoir été homologuée, enregistrée et vérifiée au parlement de la raison (1). »

Aux théologiens qui prétendent faire de la raison l'auxiliaire de la foi, il dira : « Les choses naturelles ne sont point proportionnées aux surnaturelles.... La nacelle de Jésus-Christ n'est point faite pour voguer sur cette mer orageuse (2). »

Aux philosophes qui veulent douter, disputer de tout et ne se rendre qu'à l'évidence (3) : « La raison est plus propre à démolir qu'à bâtir ; elle connaît mieux ce que les choses ne sont pas que ce qu'elles sont. »

Aux moralistes qui croient pouvoir tirer de la conscience la règle de la vie humaine : « La morale (4) est encore plus incertaine que la physique. »

Aux politiques qui créent des systèmes où ils prétendent enfermer la société (5) : « Qu'on fasse ce

---

(1) Comm. phil., 1ʳᵉ part.
(2) Eclairc. sur les pyrrhon.
(3) *Ibid*.
(4) Rép. aux quest. d'un provincial.
(5) Dict. hist. et crit., art. **Hobbes.**

qu'on voudra, qu'on bâtisse des systèmes meilleurs que la République de Platon que l'Utopie de Morus, que la République du soleil de Campanella, toutes ces belles idées se trouveraient courtes et défectueuses dès qu'on les voudrait mettre en pratique. »

Aux historiens qui s'imaginent être en possession de la vérité : « La vérité n'est guère moins le désespoir de l'histoire que celui de la philosophie, à cause de la malignité de l'homme et de sa préoccupation (1). »

Le pyrrhonisme lui-même ne trouve pas grâce devant lui : il le raille, le convainc d'orgueil et de stérilité comme toutes les autres doctrines : « Cette philosophie se confond elle-même, car tout ce qui résulte de ses principes, c'est qu'il est certain que nous n'avons aucune certitude. Quel chaos! quelle gêne pour l'esprit (2)! »

En un mot, c'est la guerre faite à l'absolu; c'est le côté mobile, relatif, contingent des choses humaines, qu'il fait ressortir partout, en religion comme en politique, en philosophie comme en histoire.

Tout le scepticisme de Bayle repose sur l'idée de contradiction. Pyrrhon et ses disciples avaient introduit dans l'école, sous le nom d'*antithèse* et de *diallèle*, ce procédé dialectique à l'aide duquel ou ébranle du même coup deux affirmations contraires (3). Les Allemands ont tiré de là le plus redoutable instrument d'analyse et de critique, l'emporte-pièce de toutes les doctrines, l'*antinomie*. De nos jours, un disputeur célèbre par ses

---

(1) Crit. gén. de l'hist. du calv., lett. xii, 1re part.
(2) Dict. hist. et crit., art. Pyrrhon.
(3) V. l'excellente thèse de M. Saisset sur Ænésidème.

excentricités a tenté de l'appliquer aux questions économiques et sociales. Bayle, initié assez tard, par un abrégé de Gassendi, à la philosophie de Sextus, emploie ce procédé par instinct plutôt encore que par méthode, sans lui donner la forme savante et systématique qu'il a reçue chez les philosophes grecs; pour lui, c'est tout simplement *un jeu de bascule*. Il place aux deux extrémités les vérités ou les erreurs qui semblent le plus contradictoires, en faisant pencher la balance tantôt d'un côté, tantôt de l'autre, et se tient lui-même au milieu dans une perpétuelle oscillation. Passer de la contradiction au doute, du doute à l'indifférence, de l'indifférence à la tolérance, tels sont les degrés par lesquels il prétend conduire l'âme humaine et la société tout entière au calme parfait. C'est là le fond du système de Bayle. Nulle part il ne le définit d'une manière aussi précise : il est trop ami des faux-fuyants et des revirements soudains, des caprices et des coups de tête, pour s'enfermer dans un cadre tracé à l'avance ; mais toutes les subtilités et les indécisions de sa polémique peuvent se ramener à ces quatre principes essentiels, ou plutôt à ce dernier : *la tolérance*. Accumulez autour de ce point fixe les sophismes, les paradoxes, les démentis les plus étranges, soutenus d'une érudition immense, d'une dialectique serrée, versatile, insaisissable, et vous aurez une idée de ce chaos tumultueux qui compose les huit volumes in-folio de ses œuvres.

Du reste, son scepticisme n'est ni bruyant, ni fanfaron : il fait le doux, le modeste, *le bon garçon* (1).

____

(1) Pens. sur les com., 1re part.

Le XVIIe siècle prétend être en possession de la vérité
sous toutes les formes, religieuse, philosophique, littéraire, politique. Bayle ne vient pas jeter un démenti
hautain à ces convictions ; il ne prétend pas renverser
ces vérités pour en mettre d'autres à la place : il demande seulement un peu de tolérance pour l'Erreur.
Qu'on la laisse vivre, courir le monde, faire fortune
comme elle pourra, tant qu'elle est honnête dans le fond
et modérée dans la forme, tant qu'elle n'excite ni violences ni séditions. « Je ne vois pas plus de crime, dit-il,
dans ceux qui se trompent que dans ceux qui ne se trompent point. » (Suppl. au Comm. phil., ch. 24). Il se
moque de ces gens « qui conservent la vérité *comme
un vase de porcelaine*, et qui semblent convaincus que .

> *Comme elle a l'éclat du verre,*
> *Elle en a la fragilité* (1). »

C'est là qu'est la nouveauté et l'audace du système de
Bayle. Jusque alors la Vérité seule a réclamé le respect
des hommes. Quand Luther et Calvin soulèvent la moitié
de l'Europe contre le Saint-Siège, quand Descartes renverse le vieil empire de la scolastique, quand Bossuet
et Jurieu entassent réfutations sur réfutations, au nom
de qui parlent-ils? *De la Vérité.* Orthodoxes et hérétiques, conservateurs et réformateurs, tous inscrivent sur
leur drapeau ce mot vénéré : *la Vérité.* Cette fois, le
spectacle change : voici un philosophe qui se fait le pa-
tron avoué de *l'Erreur*, qui réclame pour elle la protection de la loi, la tolérance de l'opinion, le privilége de
la propagande et de la publicité ; qui tout haut, de des-

____

(1) Dict. hist. et crit., art. Lubienietski.

sein prémédité, ne craint pas de l'armer des sophismes les plus redoutables, de la travestir au point de la rendre aussi forte et presque aussi vraisemblable que la Vérité. En fournissant des arguments à chaque secte rivale, en les maintenant toutes pour ainsi dire sur le pied de guerre, il espère les forcer à se respecter l'une l'autre. C'est, dans un ordre différent, un système analogue à celui qui de nos jours a reçu le nom de *paix armée*.

CHAPITRE III.

SCEPTICISME RELIGIEUX.

L'Athéisme. — La Tolérance.

Les discussions religieuses prennent une importance considérable vers la fin du XVIIe siècle. Tout ce qu'il y a d'esprits jeunes et hardis se précipitent de ce côté, attirés par l'éclat des voix qui retentissent dans les deux camps. Les jansénistes et les jésuites réconciliés, du moins en apparence, par ordre de Louis XIV, tournent leurs forces réunies contre leur adversaire commun, le protestantisme. Né dans une famille de fervents réformés, fils et frère de ministre, destiné lui-même à suivre cette profession, Bayle fut bercé dès l'enfance au bruit de ces disputes. Malgré le désordre et les retards de sa première éducation, son esprit inquiet, avide d'apprendre, s'y adonna avec ardeur. De bonne heure la religion devint pour lui matière à controverse ; elle passionna moins son cœur que son esprit. On comprend les dangers qui durent en résulter pour une nature mobile, superficielle, indécise comme la sienne : la foi ne fut pas chez lui un sentiment, mais une opinion. Cette distinction est importante à établir, elle explique tous les revirements de Bayle. Il sera catholique et protestant comme il deviendra tour à tour partisan de l'école ou de Descartes. A 22 ans, il arrive chez les jésuites de Tou-

louse, ébranlé déjà dans sa foi protestante par ses conversations avec le curé de Puylaurens; un discours
d'un prédicateur habile achève de le convertir. Il écrit
à son frère une lettre pleine d'entraînement, où il lui
vante le bonheur de son nouvel état; il ne comprend
pas que tous les réformés ne se rendent point sur-le-
champ à l'évidence des raisons fournies par les bons
Pères. Dix-huit mois plus tard, ce catholique enthousiaste se trouve en présence d'un homme d'esprit qui
l'embarrasse par deux ou trois objections restées sans
réponse, et le voilà qui revient au protestantisme, changeant de religion comme de livres, sans effort, sans
lutte intérieure, par un simple caprice de raison. Tout
le monde a lu dans Jouffroy ce dramatique récit d'une
nuit à l'École normale, ce douloureux déchirement
d'une âme qui s'arrache à la foi de ses pères, et ces
mélancoliques retours d'un philosophe vers l'église du
hameau. Bayle n'a jamais rien connu de semblable. Lui-
même, dans le journal de sa vie, résume en deux mots
l'histoire de sa conversion : « Année 1669, le mardi 19
de mars, *changement de religion...; le lendemain je repris l'étude de la logique.* » L'aiguille a tourné, l'horloge
continue de marcher.

Le peu de foi vive qu'il avait dans l'âme s'était bien
vite perdu au milieu de ces hésitations et de ces coups
de tête; il ne resta plus en lui qu'un scepticisme incu-
rable, mal dissimulé sous quelques apparences de dévotion extérieure et de respect pour les livres saints.
Cette double abjuration devint aux mains de ses ennemis un texte d'accusation perpétuelle. Un de ses admirateurs et de ses amis, Saint-Evremont, essayant de le

justifier à ce sujet, lui prête une sorte d'éclectisme religieux qui n'est lui-même qu'une forme de scepticisme ou de déisme mitigé (1) : « J'ai emporté de la catholique ce qu'elle a de bon ; j'ai appris de la réformée ce qu'elle a de meilleur, quand j'y suis rentré ; et par là je me trouve en état, présentement, de pouvoir juger de l'une et de l'autre. En effet, quelque estime que j'aie eue pour M. Jurieu, je suis d'ordinaire du sentiment de M. de Meaux contre le sien ; et, quoique j'estime beaucoup M. Arnauld, je me trouve souvent contre lui pour M. Claude. » Le seul avantage réel que Bayle eût tiré de ces variations si fatales à sa foi, ce fut de conserver son sang-froid imperturbable au milieu des querelles religieuses, et de pouvoir juger avec impartialité les actes et les écrits des deux partis. Dès l'an 1675, signalant les dangers de la polémique engagée entre les jansénistes et les protestants, il écrivait à M. Basnage : « Je trouve incommode qu'il nous faille abandonner les sentiments de tant de théologiens de notre communion, car M. Arnauld obtient du moins cet avantage, que nos écoles sont toutes partagées ; et cela nous fait perdre le droit de leur reprocher leurs dissensions. Tant y a que nous voilà uniquement sur la défensive, et MM. de Port-Royal, qui n'ont plus rien à faire que contre nous, ne nous laisseront plus le loisir d'attaquer l'Église romaine. »

On le voit, Bayle se plaignait déjà d'être à l'étroit dans le cercle de l'orthodoxie protestante ; ses instincts

---

(1) Œuv. de Saint-Evremont, t. v ; Rép. à l'abbé Renaudot au sujet du Dict.

d'indépendance le poussaient au delà. D'un autre côté, il ne se faisait pas illusion sur les forces de son parti ; il craignait surtout pour lui ce Port-Royal *si formidable à coups de plume*. Il avouait que Jurieu, malgré son activité et son immense talent, ne pouvait suffire contre tant d'adversaires. Le seul moyen d'échapper à une défaite presque certaine, c'était de reprendre l'offensive, de jeter la division dans le camp de l'ennemi, ou de le surprendre par une manœuvre imprévue. Bayle n'attendait qu'une occasion pour l'essayer : elle ne tarda pas à se présenter.

A la fin de l'année 1680, une comète formidable mit en émoi toute la France. L'astrologie judiciaire conservait encore à cette époque de nombreux partisans. Madame de Sévigné et Bussy pouvaient en rire (1); mais bien des gens sérieux, dévots et savants, restaient convaincus que tous ces mouvements du ciel ne présageaient rien de bon. Les astronomes discutaient gravement pour expliquer l'influence des comètes par le mouvement des atomes (2); les théologiens y cherchaient une intervention de la puissance divine. Cette question, si modeste en apparence, soulevait d'embarrassantes réflexions sur la Providence et les miracles. Les poètes, les historiens, les politiques, l'interprétaient à leur façon. Les alliés y voyaient un signe certain de la chute prochaine de Louis XIV ; les partisans du roi de France, une nouvelle guerre et de nouvelles conquêtes ; les pro-

---

(1) Lett. à Bussy, 2 janv. 1681.
(2) Voltaire, Siècle de Louis XIV, ch. 31.

testants, un avertissement aux convertisseurs ; les catholiques, une menace contre les protestants.

Au milieu de la curiosité générale, l'occasion était
belle pour entamer une discussion. Bayle sut la saisir
avec cet à-propos qui est déjà un des talents du publiciste. Tous ces doutes, toutes ces hypothèses de la
science, de la théologie, de la politique, il entreprit à
lui seul de les résoudre au nom du simple bon sens.
— Une première série de lettres dont l'auteur se disait
catholique parut sous ce titre : *Pensées diverses sur les
comètes.* En homme prudent, Bayle débutait par l'a-
nonyme ; il entrait furtivement dans le camp ennemi, à
la faveur d'un déguisement.

La manière de l'auteur se révélait déjà tout entière
dans ce premier ouvrage. On y remarquait une certaine
liberté d'allure, qui contrastait avec les formes un peu
roides et cérémonieuses du XVII° siècle ; une érudition
variée, courante, agréable ; un style vif, facile et négligé
comme l'improvisation ; une rare indépendance d'esprit
à l'égard de tous les partis ; un fond de scepticisme
encore contenu dans la forme, surtout au commencement, mais qui promettait d'aller plus loin ; une discussion capricieuse, qui mêle et brouille les problèmes les
plus divers, qui permet d'esquiver les difficultés et de
se dérober quand les questions deviennent compromet-
tantes, quitte à reparaître et à les reprendre un peu
plus tard. Philosophie, théologie, histoire, politique
contemporaine, Bayle a tout abordé du premier coup :
« Vous remarquerez aisément dans cet ouvrage l'irré-
gularité qu'on trouve dans une ville. Parcequ'une ville
se bâtit en divers temps, et se répare tantôt en un lieu,

tantôt en un autre, on voit souvent une petite maison auprès d'une grande, une vieille auprès d'une neuve (1). »
Mais, à travers cette variété infinie, son point de départ
est une attaque contre les superstitions. C'est par là
qu'il ouvre la brèche sur les religions.

Un homme qui a trop souvent poussé l'instinct de conservation religieuse jusqu'aux témérités du paradoxe,
M. de Maistre a dit : « La superstition est un ouvrage
avancé de la religion qu'il ne faut pas détruire, car il
n'est pas bon qu'on puisse venir sans obstacle jusqu'au pied du mur, en mesurer la hauteur et planter les
échelles. »

Telle est précisément l'œuvre de Bayle. Placé à l'a-
vant-garde parmi cette légion de destructeurs qui traverse le XVIIIᵉ siècle, il attaque les ouvrages avancés ;
il feint de n'en vouloir qu'au paganisme, mort depuis
quatorze siècles, et, à la faveur d'un stratagème, il approche des murs, il en mesure la hauteur, il applique
les échelles par lesquelles les Diderot, les d'Alembert,
les Voltaire, s'introduiront dans la place.

Du reste, ce mot de *superstition* n'a point encore dans
sa bouche le sens menaçant qu'il prendra plus tard ; il
désigne seulement les erreurs des païens, les traditions
naïves ou ridicules conservées dans la société chrétienne, mais qui ne sont pas une partie essentielle du
dogme. L'auteur n'a pas la prétention d'attaquer les
mystères ni les miracles consacrés par l'Écriture, devant
lesquels s'incline sa raison : « Je supplie le lecteur de
remarquer que tout ce que j'ai dit n'est point une at-

---

(1) Pens. sur les com., 1ʳᵉ part., ch. 272.

teinte à la religion véritable (1). » Prendra-t-on contre
lui la défense des idoles, des sibylles, des comètes, des
pluies de pierre ou des apparitions merveilleuses racontées par Virgile, Tite-Live, Tacite ou Lucain ? Lui
reprochera-t-on d'avoir tourné en ridicule ces vieilles
erreurs qui empêchent certaines gens de dîner treize à
table ou de se mettre en voyage le vendredi. Jusque là
Bayle est parfaitement orthodoxe ; mais bientôt le zèle
qu'il déploie contre l'idolàtrie finit par devenir compromettant pour la vraie foi. Peu à peu cette thèse, qui ne
traitait d'abord que des éclipses, des comètes et des superstitions, s'étend et prend les proportions d'une discussion générale sur les effets et les droits des religions.

Bayle admet *a priori* la divinité du christianisme,
l'autorité de l'Écriture, le dogme de la révélation et de
la grâce. En général, tout ce qui est de *foi pure*, il le
respecte ; au contraire, tout ce qui est d'application ou
de démonstration, tout ce qui émane des politiques et
des théologiens, il le conteste. Pour les uns, la religion
est un instrument de police et de discipline sociale ;
pour les autres, une occasion de dogmatisme hautain et
impitoyable ; pour tous deux, une manière d'asservir
les âmes. C'est contre ce double pouvoir que Bayle pro-
testera tour à tour. Ici, il est sur son véritable terrain,
celui de la tolérance et de la liberté individuelle ; mais
il n'y arrive pas directement du premier coup : il cherche, hésite comme un homme qui n'est pas maître
de sa pensée ou qui craint de l'avouer tout entière.

____

(1) Suite des Pens. sur les com.

Cette première partie des Pensées sur les comètes offre un mélange bizarre de hardiesse et de timidité. Le scepticisme, d'abord contenu et enveloppé, éclate enfin et aboutit à une thèse impossible et désespérée : l'apologie de l'athéisme. L'idolâtrie et les comètes reparaissent de temps à autre, comme un subterfuge derrière lequel l'auteur reprend haleine et combine de nouveaux arguments. On a peine à le suivre à travers ce labyrinthe de digressions et de contradictions où il vous entraîne, comme s'il craignait qu'on ne devinât trop tôt sa pensée; mais la route s'éclaircit peu à peu, et l'on voit enfin le terme auquel aboutit tout ce système. Pour bien comprendre la marche de Bayle, il faut se rappeler que ce n'est point le sentiment religieux ni les dogmes proprement dits qu'il songe à renverser, il n'en veut qu'à la puissance extérieure et au zèle conquérant des religions. Il se propose de les désarmer pour les forcer à respecter la liberté de l'individu, pour abattre ce dogmatisme qui frappe du glaive ou de l'anathème les dissidents. Que dans la lutte il ait souvent outrepassé le but, qu'à force de nier l'efficacité ou d'attaquer la démonstration des doctrines, il ait fini par ébranler les dogmes eux-mêmes, qu'en invoquant *comme vertu politique* l'indifférence, il ait porté au sentiment religieux un coup funeste, c'est là un fait incontestable; mais ces résultats, il ne les a point cherchés, il les a désavoués tant qu'il a pu.

Le dogmatisme religieux du XVIIe siècle repose sur deux principes fondamentaux :

1° Nulle société ne peut exister sans religion ;

2° La vérité est obligatoire.

De là découlent les deux conséquences suivantes :

1° Tout ennemi de la religion est un ennemi de la société.

2° Tout hérétique, en s'écartant de la vérité, est rebelle à la loi humaine autant qu'à la loi divine, et doit être ramené ou puni, même par la force.

A cette double affirmation, Bayle oppose une double négation correspondante :

1° Une société peut exister sans religion.

2° La vérité ne saurait jamais devenir obligatoire.

De là il tire cette conclusion.

1° La loi humaine peut se suffire à elle-même sans le secours de la loi religieuse.

2° La contrainte en matière d'opinion est aussi opposée à la raison qu'à la justice.

Telles sont les deux thèses principales au service desquelles il consacre toutes les hardiesses et les subtilités de son scepticisme religieux ; à la première se rattache le plaidoyer en faveur de l'athéisme, à la seconde la discussion sur la parabole : *Contrains-les d'entrer.*

Supposer un instant, même en imagination, l'existence possible d'une société athée, le genre humain abandonné à ses propres inspirations, tirant de lui seul sa force, son salut, sa loi, sans le secours d'une loi supérieure venue d'en haut ; fermer à ses yeux ce coin du ciel d'où part sans cesse la promesse de la récompense ou la menace du châtiment ; remplacer la crainte de l'enfer par celle du gibet, c'était se mettre en désaccord avec les législateurs et les réformateurs de tous les temps, avec Solon comme avec Bossuet et Calvin. Aussi Bayle ne lance-t-il pas du premier coup son paradoxe. Il commence d'abord par entamer peu à peu le système de ses adversaires : tout plein du souvenir de ces conversions dont on fait tant de bruit autour de lui, de ces saintes violences commises au nom de la foi, il conteste à la religion ses conquêtes et son influence ; il l'amoindrit par les proportions auxquelles il la ramène et par le rôle qu'il lui assigne dans la société.

Pour lui, elle n'est qu'une opinion. Or, à quoi tient le succès d'une opinion parmi les hommes ? Aux forces, à l'argent et aux soldats dont elle dispose. Les conversions des païens au temps de Théodose, des catholiques anglais sous Elisabeth, des protestants sous Louis XIV, sont l'œuvre des édits, des échafauds et des dragons.

Mais, du moins, ces religions qu'on achète par tant de sang et de larmes ont-elles sur le monde toute l'influence qu'on leur attribue ? Bayle en doute. Pourquoi ? Parceque les hommes obéissent moins à leurs opinions qu'à leurs passions : « Néron était dévot, en fut-il moins cruel ? Les croisés qui commirent d'atroces ravages en Bulgarie n'étaient-ils pas de fidèles croyants ? Les soldats qui pillent, violent et tuent, sont-ils déistes ou philosophes(1) ? » Enfin, comment expliquer l'aspect uniforme des sociétés humaines, malgré la diversité des croyances religieuses ? Pourquoi les Turcs, les protestants, les catholiques, se conduisent-ils de la même façon ?

Après avoir disputé ainsi pièce à pièce à la religion une partie de ce gouvernement moral qu'elle revendique à bon droit sur la société, Bayle arrive enfin à cette

______

(1) **Pens. sur les com.**, 1ʳᵉ part.

thèse désespérée, dont nous avons déjà parlé, l'apologie de l'athéisme. — L'athée peut être honnête homme ; — l'athée vaut mieux que l'idolâtre : — tels sont les deux arguments principaux de cet étrange plaidoyer, où l'auteur emploie en pure perte cent fois plus d'esprit, de science et de logique, qu'il n'en eût fallu pour gagner dix bonnes causes. L'athée vaut mieux que l'idolâtre ! En effet, l'un s'arrête au doute, à la négation ; l'autre émet une affirmation injurieuse pour la divinité (1). L'athée peut être vertueux : témoin Lucrèce, Epicure, Hobbes, Campanella, le *détestable* Vanini lui-même, brûlé à Toulouse par arrêt du Parlement, et ce prince athée de Balzac, qui ne buvait que de la tisane et ne jurait que *certes*. Il existe donc en dehors de la religion une morale qui suffit aux besoins de l'individu et de la société ; mais cette morale, d'où sort-elle ? qui nous l'enseigne ? La conscience et la raison. Ici l'auteur en appelle à cette lumière intérieure qui éclaire tout homme venant en ce monde, qui met d'accord le lettré chinois et le théologien catholique ou protestant sur la certitude de cette maxime : « Il faut pratiquer la vertu », comme sur la vérité de cet axiome mathématique : « Le tout est plus grand que la partie ».

Déjà, au XVIe siècle, Charron avait proclamé l'efficacité de cette morale laïque et naturelle, dont les arrêts sont aussi infaillibles que les décrets des Pères et des conciles. Avant lui, Erasme s'était écrié : « Saint Socrate, priez pour nous ! » Zwingle ouvrait libéralement le paradis à Virgile et à Platon. La Mothe le Vayer avait repris la

---

(1) Cont. des Pens. sur les com., ch. 90.

même thèse dans son livre de *la Vertu des Païens* ; Arnauld, l'éloquent apôtre de la grâce, écrivit en réponse son traité de *la Nécessité de la Foi*. Mais jusque alors cette idée, hasardée timidement, était restée enfermée dans un petit cercle de libres penseurs. A partir de Bayle, elle se répand au dehors, et devient l'argument favori, la principale machine de guerre de l'école philosophique.

Une telle doctrine renversait le système sur lequel l'Eglise avait fondé son enseignement. En prenant le gouvernement de la société, celle-ci avait très habilement combiné les vérités de foi pure avec les vérités de conscience et de raison. Ce double enseignement, sorti de la même bouche, entrait dans l'âme des peuples étroitement uni, ne formant qu'une seule et même croyance. Leur ruine semblait devoir être commune. En *sécularisant* la morale, Bayle scindait le gouvernement des âmes, et relevait la chaire du philosophe en face et presque au dessus de celle du prédicateur. Arnauld avait jeté le premier cri d'alarme ; Bossuet, toujours sur la brèche, attentif à signaler les dangers présents ou futurs de l'Eglise, dénonçait ce divorce de la morale et de la religion comme une innovation menaçante des libertins. « Il n'y a de morale, dit-il, que celle qui est fondée sur les mystères (1). » En parlant ainsi, il avait le pressentiment de l'avenir. Cette morale philosophique qui se posait en face de la morale religieuse, qui prétendait substituer aux enseignements de l'Eglise le témoignage de la conscience, se frayait une voie rapide dans les esprits. Au siècle suivant, elle avait tout

______

(1) **V.** le Disc. sur l'unité de l'Église.

envahi : la cour, la ville, le théâtre , et jusqu'à la chaire chrétienne (1). Bien des gens qui sentaient faiblir leurs convictions religieuses cherchaient là un refuge, comme le sage et malheureux Vauvenargues. On cessait d'être dévot, mais on voulait rester honnête homme : c'était du moins une planche de salut au milieu du naufrage des autres croyances. Philosophes, indécis et indifférents s'y rangèrent en foule.

Si Bayle s'était contenté de défendre contre le dogmatisme exclusif de quelques théologiens les droits inaliénables de la conscience et l'unité de la loi morale, il eût sans doute trouvé plus d'un partisan, même parmi les catholiques. Au lieu de restreindre le débat, il l'étendit outre mesure, et le compromit en y joignant l'apologie de l'athéisme.

Ce plaidoyer souleva une réclamation générale dans les deux partis catholique et protestant. Quelques années plus tard, Jurieu, devenu l'ennemi irréconciliable de Bayle, déclarait ce livre le plus pernicieux qu'on eût écrit depuis un siècle. Il rédigea contre l'auteur un violent réquisitoire intitulé : « *Courte revue des maximes de morale et des principes de religion de l'auteur des Pensées sur les comètes.* » Ce factum ne contenait pas moins de vingt et un chefs d'accusation, les uns légitimes, les autres purement imaginaires. Jurieu dénonçait Bayle comme un ennemi de toute religion, comme un allié des spinosistes, des sociniens et des déistes ; il signalait surtout avec indignation cette fameuse comparaison de l'athéisme et de l'idolâtrie : « Comme on ne punit pas

______

(1) V. M. Villemain , Litt. au XVIIIe siècle.

les idolâtres de mort, aussi ne faudra-t-il pas punir les athées de mort (1). »

Jurieu eut un tort immense dans cette querelle : ce fut d'attendre le succès du livre et l'éclat de l'*Avis aux réfugiés* pour s'apercevoir du danger. Son zèle ressembla trop à de l'envie. Ces deux hommes, que le malheur et l'exil avaient rapprochés un moment, se trouvèrent bientôt séparés par la profonde antipathie de leur caractère et par la rivalité de réputations. Jurieu, qui régentait en despote le parti protestant, voulait être admiré, approuvé, ne comprenant ni la résistance, ni la critique. Bayle, avec sa nature indocile et sceptique, ses aveux indiscrets, ses objections taquines, son sang-froid éternel, soulevait la bile de son adversaire. Il se moquait des petits prophètes du Dauphiné, des prédictions que Jurieu insérait chaque mois dans ses lettres pastorales ; il était presque toujours du parti de Bossuet dans les controverses théologiques. Il n'en fallait pas tant pour irriter la susceptibilité du fougueux ministre. L'apparition de l'*Avis aux réfugiés* (1690) acheva de l'exaspérer. Son imagination soupçonneuse, excitée encore par la haine, lui fit voir en Bayle un secret allié de la France, un traître qui sacrifiait les intérêts du parti protestant. Une guerre de dénonciations et de personnalités s'engagea entre eux. Cette fois, Bayle sortit de son calme habituel (2), se plaignit amèrement des procédés de Jurieu, l'accusa de mensonge, d'ignorance et de jalousie, déclara qu'il n'avait jamais entendu porter

---

(1) Jurieu, Courte revue des maximes de morale, etc.
(2) V. Cabale chimérique.

atteinte à la religion , promit de se rendre aux observations du consistoire, et soumit son livre au jugement de tous les recteurs des universités.

Jurieu avait tort dans la forme ; il avait raison au fond sur plus d'un point. Malgré toute son érudition et son esprit, malgré son incontestable talent de disputeur, Bayle est le plus souvent très faible dans la démonstration de sa thèse et dans sa réponse (1). Il recule, tergiverse, explique, efface : on sent l'embarras d'un homme qui est allé trop loin, qui ne veut pas s'avouer vaincu et qui craint de se compromettre. C'est ainsi que, pour échapper en partie à ce protectorat dangereux dont il s'est chargé imprudemment, il divise les athées en deux classes : athées pratiques, athées spéculatifs. Les premiers, il les abandonne à l'horreur des honnêtes gens et à la vengeance des lois ; les seconds, il persiste à les défendre comme inoffensifs (2).

La cause était trop mauvaise pour être soutenue avec succès. L'athéisme a toujours porté malheur à ceux qui ont tenté de le défendre. Quoi qu'on fasse, il a en lui-même quelque chose de sec et de triste, qui répugne à la conscience et à ces espérances d'immortalité déposées au fond de nos cœurs. Avec lui, la destinée humaine n'a nulle issue, la loi morale nulle sanction. Une telle doctrine, qu'on la pare de tout l'esprit et de toute la gaîté qu'on voudra, ne saurait mener loin ni une société, ni un philosophe.

---

(1) V. Add. aux Pens. sur les com., ou Réponse au libelle intitulé Courte revue sur les maximes, etc.; Eclairc. sur les athées ; Dict. hist. et critiq., 5ᵉ vol.

(2) Éclairc. sur les athées.

D'ailleurs, ces restrictions et ces aveux de Bayle ne sont-ils pas un démenti formel qu'il donne à son paradoxe? L'athée, dit-il, peut être honnête homme, mais à la condition de vivre comme s'il croyait en Dieu, c'est-à-dire à la condition de commettre une inconséquence et une absurdité à ses propres yeux. En effet, l'athée vertueux est un prodige plus étrange que l'athée vicieux. Ce dernier, du moins, est conséquent : ne reconnaissant pas de législateur, il ne reconnaît pas de loi ; il s'abandonne à ses passions, et ne voit d'autre limite que celle de son plaisir, de son intérêt ou de sa santé. Mais cet honnête homme qui s'impose une loi austère, contraire à ses goûts et à ses intérêts, sans savoir d'où vient cette loi, sans admettre ni législateur qui l'ait promulguée, ni tribunal qui la fasse respecter, cet homme-là est une dupe qui cède à des préjugés, ou un fanfaron qui ne croit pas à ce qu'il dit.

On a souvent cité l'exemple des stoïciens, tirant de leur seule conscience les préceptes d'une morale pure et rigide. Mais sait-on à quel prix s'achetaient ces âpres et solitaires vertus, qui croissaient au milieu des ruines du monde romain? quels efforts de volonté, quelles nobles inconséquences il fallait pour arriver à cette fastueuse insensibilité? Et, en somme, à quel terme aboutit ce chef-d'œuvre de la liberté et de l'orgueil humain? A la maxime négative : *Abstiens-toi et supporte*. Le dernier effort du sage est donc de savoir porter le fardeau de la vie, quitte encore à le jeter de côté, si ce poids, léger pour le plus humble chrétien, devient trop lourd pour le philosophe accompli. Son unique ambition est de mourir avec éclat en s'enveloppant de son manteau

ou en s'ouvrant les veines au milieu de ses amis. Croit-
on qu'une pareille morale puisse suffire à la société?
Faite pour quelques cœurs indomptables que la servitude et le vice n'avaient pu rompre, et qui luttaient en
désespérés contre le courant du siècle, convenait-elle
aux faibles, aux ignorants, à tous ces déshérités que le
christianisme a pris entre ses bras, qu'il a réchauffés de
la parole de vie et élevés au dessus de la perfection orgueilleuse des stoïciens, en répétant ces simples paroles
de l'Évangile : « Laissez venir à moi les petits enfants? »
Enfin, le stoïcisme lui-même peut-il avoir confiance
dans son principe, la vertu, puisque ce principe ne mène
l'homme qu'à une perfection stérile qui ne saurait le
sauver du néant; puisque l'âme de Caton, après avoir
soutenu le poids du monde croulant sans ployer sous
le faix, après avoir brûlé d'un saint amour pour la liberté, ira se perdre avec celle des brutes et des tyrans.

« Seigneur, j'ai confiance en vous, parceque j'ai été
juste », tel est le cri du chrétien mourant. « Vertu, tu
n'es qu'un nom », tel est le dernier mot de l'athéisme
vertueux.

En soutenant cette malheureuse thèse, quel but se proposait Bayle? Etait-ce de détruire toute religion? Lui-
même avoue qu'une telle entreprise *serait folle et criminelle* : « L'athéisme ne peut être que le résultat d'une
erreur passagère ou d'un hideux abrutissement (1). »
Pourquoi donc s'est il chargé de le défendre? si ce
n'est par sympathie, est-ce par divertissement? Les
juges les moins prévenus contre Bayle n'ont vu là qu'une

____

(1) Pens. sur les com., ch. 104 et suiv.

bravade née d'un caprice, prolongée par amour-propre et par entêtement, un défi jeté au sens commun et aux traditions de tous les siècles. Dans bien des cas, ce reproche envers Bayle serait mérité : le rôle de questionneur fâcheux, de contradicteur éternel, suffit souvent à son ambition; mais quand on suit attentivement sa pensée à travers les incertitudes et les obscurités dont elle s'enveloppe d'abord comme à dessein, il est permis de croire qu'il a cherché autre chose qu'un stérile triomphe de sophiste. Ce qui n'eût été alors qu'un jeu d'esprit coupable est ici tout simplement une manœuvre compromettante, une de ces témérités calculées auxquelles s'abandonnent trop volontiers les hommes de lutte, préoccupés des maux présents et impatients de renverser par tous les moyens possibles un préjugé ou un abus qui révolte leur conscience et leur raison. Cet idéal d'une société athée n'est qu'une hypothèse scientifique, un procédé de démonstration analogue à ceux qu'on emploie en géométrie, où l'absurde sert de pont volant pour arriver à la vérité. Si l'on veut s'expliquer la tactique de Bayle, il faut se reporter au temps où il a vécu. Les théologiens de toutes les Eglises s'accordent à répéter qu'on ne peut être honnête homme, bon citoyen, sujet fidèle, les uns si l'on n'est catholique, les autres si l'on n'est protestant. Chacun revendique pour soi le privilége de la morale, le droit d'instruire et de sauver la société. Bayle, pour les mettre tous d'accord, leur donne à tous un démenti et leur oppose le type de l'athée vertueux. En prouvant que l'athéisme lui-même ne saurait être un danger sérieux pour les gouvernements, il répond aux convertisseurs

qui proscrivent l'hérésie au nom du salut public; en
montrant que la loi civile peut se constituer en dehors
de la loi religieuse , il attaque à sa racine le principe de
la religion d'État, et avec lui le premier et le plus solide
argument en faveur de la persécution.

Ce principe repose lui-même sur une vérité antérieure dont nous avons déjà parlé : « *Nulle société ne
peut subsister sans religion.* » Donc tout homme qui
n'est pas religieux est un mauvais citoyen. La nécessité
des religions étant admise, et l'une d'elles étant recon-
nue seule vraie, seule capable de conserver et de sauver la société, c'est un devoir pour l'État de l'adopter,
de la protéger, et d'y maintenir les peuples en combattant les hérésies. Au point de vue purement politique,
en dehors de toute interprétation théologique ou philosophique, on comprend donc que le principe de la religion d'Etat ait prévalu durant des siècles. Mécènes, l'a-
droit ministre, l'épicurien sceptique, qui riait des augu-
res avec son ami Horace, conseillait à Auguste de ré-
primer énergiquement toute innovation en matière religieuse (1). Chez un peuple où les dieux étaient, comme
les citoyens, au service de la république, c'était à la loi
civile qu'il appartenait de les protéger. Dans les sociétés
anciennes, le culte et la politique se confondent ; le même
homme est à la fois, comme César, général et grand
pontife. Toute atteinte portée à la religion est un acte
de désobéissance aux lois du pays. Socrate, qui, dans
nos sociétés modernes, eût pu être censuré par la Sorbonne ou jugé par l'inquisition, est traduit pour crime

---

(1) V. Dion Cass., liv. II.

d'impiété devant le peuple assemblé. Aujourd'hui encore, l'Église anglicane est constituée sur un principe essentiellement païen. Henri VIII ramène la religion sous le joug de la politique. Aussi, dans ce pays de liberté, la tolérance religieuse a-t-elle été long-temps réclamée en vain. Tout dissident était regardé comme un ennemi de la constitution et de l'indépendance nationale.

Le christianisme, persécuté à sa naissance, établit (chose inouïe jusque alors) la distinction entre les deux pouvoirs civil et religieux, en proclamant cette maxime : « Rends à César ce qui appartient à César, et à Dieu ce qui appartient à Dieu. » Cette phrase seule contenait toute une révolution en germe pour l'avenir des sociétés. Les martyrs qui versèrent leur sang dans l'amphithéâtre furent les premiers apôtres de la liberté de conscience. Plus tard, devenu à son tour religion d'Etat, le christianisme s'appuie sur le bras séculier ; seulement, au lieu de se placer, comme le paganisme, sous la dépendance de l'autorité civile, il aspire à la dominer. « Vous êtes au dedans de l'église, dit saint Ambroise à Théodose ; mais vous n'êtes pas au dessus d'elle. » Au moyen âge, la suprématie sur toutes les couronnes revendiquée par le Saint-Siége, la guerre des Albigeois, l'établissement de l'inquisition, sont la consécration de ce principe. On a beaucoup déclamé, et avec raison, contre ces prétentions et ces rigueurs : il était facile de les blâmer en plein XIXᵉ siècle, dans une société où les deux autorités civile et religieuse sont nettement séparées, où la liberté de conscience est consacrée par les mœurs et par les lois. Faut-il croire cependant que l'entêtement

ou l'ambition ait suffi pour rendre atroces des généra-
tions entières ? Non, sans doute : elles étaient parfaitement logiques, en partant de ce principe, que *l'Etat dépend de l'Eglise ou ne fait qu'un avec elle*. La nature
des persécutions pourra changer, mais elles seront toujours la conséquence fatale d'une religion d'Etat. Armée
du glaive, celle-ci s'en sert pour frapper l'hérésie qui
vient lui disputer le gouvernement des âmes. Peut-elle
agir autrement, à moins de renoncer aux avantages et
aux périls de sa position, à moins de se contenter,
comme aujourd'hui, des fidèles qui lui restent attachés
volontairement par habitude ou par conviction ? L'édit
de Nantes était une atteinte évidente portée à cette souveraineté de l'Eglise : de là les haines qu'il souleva
contre son auteur.

· L'idée de tolérance, qui domine partout de nos jours,
apparaissait alors comme une nouveauté dangereuse,
comme un abandon formel des droits de Dieu et du roi.
Toutes les causes triomphantes s'accordaient à la re-
pousser. Au XVe siècle, Castalion avait tenté de la proclamer : il s'était vu rudement censuré et chassé de Genève par Calvin. Bodin n'était qu'un utopiste, quand il
l'établissait dans sa République, à l'imitation de Rabelais
dans son abbaye de Thélème. Lhôpital, avec son impartiale et froide raison, l'indiquait vainement à tous les
partis comme le seul terme des guerres civiles : l'évêque
de Metz l'accusa d'athéisme pour avoir osé soutenir une
pareille énormité. Au XVIIe siècle, la question était encore peu avancée. Des esprits sérieux et élevés, tels que
Bourdaloue et Bossuet, célébraient en chaire, comme une
œuvre sainte, la révocation de l'édit de Nantes ; tous répétaient à l'envi la fameuse maxime de Juste Lipse dans

son traité *De unâ religione* : « *Ure, seca* » (1). Jurieu, l'ardent ennemi de Louis XIV, l'adversaire infatigable de Bossuet ; Jurieu, qui n'avait pas assez de malédictions pour les dragonnades et les *convertisseurs à contrainte*, donnait lui-même l'exemple de l'intolérance en dénonçant Bayle au consistoire de Rotterdam, et en provoquant sa destitution.

C'est là un fait qu'on a trop souvent oublié toutes les fois qu'il s'est agi des protestants. Les victimes ont toujours raison. Ne nous en plaignons pas : le présent est assez dur pour elles. Il est bon que la postérité les dédommage des violences et des lâchetés dont elles ont été l'objet ; mais la vérité de l'histoire en souffre quelquefois. Dès le commencement de la réforme, Calvin fait brûler Servet ; et Servet, que demande-t-il ? La liberté ? la tolérance ? Non, mais que Calvin monte à sa place sur le bûcher. « Je demande que mon faulx accusateur soit puni *pœna talionis*, et que soyt detenu prisonier comme moy jusques à ce que la cause soit deffinie par la mort de luy ou de moy (2). » Mélanchton lui-même, le doux, le pacifique Mélanchton, écrit à Calvin pour le féliciter :... « *Pietatem ac judicia vestra proho... ac miratus sum esse qui severitatem illam improbent* (3). » De Bèze compose son livre *De puniendis hæreticis* en face des échafauds qui s'élèvent pour ses coreligionnaires ; Jurieu proscrit publie, en réponse aux

---

(1) « Falsam pacem esse tolerantismum : hunc esse divini numinis irrisionem, publicæ felicitatis et legum destructorem.» (Just. Lips., De una religione.)

(2) Lett. de Servet aux syndics de Genève.

(3) Melanch., Epist. 1521.

doctrines de Bayle, le traité *Du droit des deux souverains*, et justifie du même coup toutes les persécutions
passées, présentes et futures. Des deux côtés du continent, les deux religions se jettent un défi mutuel d'intolérance. Catholiques et protestants sont opprimés là où
ils ne peuvent être oppresseurs. La gloire de Bayle est
d'avoir soutenu la cause de la tolérance avec une opiniâtreté qui ressemble presque à du courage, entre les
malédictions des deux partis; c'est d'avoir, avant Locke,
avant Leibnitz, provoqué sur ce sujet une discussion en
règle, et popularisé, du moins parmi les lettrés, une idée
qui devait se répandre bientôt dans toutes les classes de
la société, et nous rester comme une des conquêtes les
plus sérieuses de la liberté moderne.

En 1681, à l'époque où parut la première édition des
Pensées sur les comètes, les protestants vivaient encore
protégés légalement par l'édit de Nantes. Cependant les
convertisseurs s'étaient déjà mis en campagne : on ébran-
lait les consciences par des menaces, des séductions et des
promesses. Pellisson fournissait l'argent au nom du roi ;
les évêques dirigeaient le mouvement dans les provin-
ces. Bayle, prévoyant la triste issue de toutes ces me-
nées, se permit des critiques assez mordantes contre
Louis XIV et son ministre. Avec ce sens moqueur et
sceptique qui est le fond de son génie, il s'attacha surtout à faire ressortir ce qu'il y avait de ridicule dans
ces conversions marchandées de porte en porte, une
bourse à la main : « Il est bien nécessaire qu'un monarque né pour les plus grandes choses, et *qui devrait
être déjà sur les bords de l'Hellespont, où l'un de ses
historiens l'attend de pied ferme depuis plus de six*

ans (1), s'amuse à interdire quelques sages-femmes, et à procurer la pratique des accouchements à quelques autres, et à faire la revue de toutes les listes de convertis et de la dépense que l'on a faite pour chaque conversion, et à consulter s'il est à propos, pour des coups considérables, de fournir aux convertis des secours plus grands que cent francs. »

Quatre ans plus tard (1685), la persécution avait pris d'autres proportions. On ne marchandait plus les consciences|: on proscrivait, on envoyait aux galères les hérétiques, on saisissait leurs biens, on défendait aux meuniers de moudre, aux boulangers de faire du pain pour les récalcitrants. Bayle, du fond de la Hollande, écoutait tout, les menaces des catholiques, les plaintes et les malédictions des réformés. Il ne vit d'autre remède à ces maux que la tolérance.

Déjà, dans ses Pensées sur les comètes, il avait attaqué indirectement le principe de la religion d'État : il revint à sa thèse de prédilection dans la Critique générale de l'histoire du calvinisme, et surtout dans sa lettre sur *la conscience errante* (2). Cette pièce, trop peu remarquée jusqu'ici, et pourtant bien digne de l'être au milieu de tant d'autres exhumations insignifiantes auxquelles notre époque a fait les honneurs de la publicité, est un des monuments les plus curieux de l'esprit philosophique au XVIIe siècle. C'est le premier manifeste où soit

---

(1) Boileau, Eptt. au roi.

Cette petite malice contre Louis XIV revient plus d'une fois dans Bayle. V. Dict. hist. et crit., art. Alexandre : « C'est de celui-là que ses historiographes auraient pu dire : Je t'attends, etc.»

(2) Cette lettre était comprise dans la seconde partie de la Crit. gén. de l'hist. du calv., publiée en 1685.

proclamé d'une manière aussi complète et aussi hardie le droit à la tolérance pour toutes les opinions. Cette fois, jetant de côté ce masque de catholicisme sous lequel il s'était abrité d'abord, Bayle lève franchement le drapeau du libre examen ; mais ici, comme partout, il procède par voie de négation ; le doute est son arme obligée ; il songe moins à établir un système qu'à renverser celui de ses adversaires. C'est au nom de l'autorité et de la vérité qu'on prétend asservir les âmes ; malheur dès lors à la vérité et à l'autorité ! Entraîné par le feu de la dispute, il finit par battre en brèche le protestantisme lui-même, qu'il a l'intention de défendre, et toutes les religions en général, sous prétexte de leur apprendre à se supporter mutuellement.

Toute religion s'appuie sur un principe fondamental : l'autorité. Luther et Calvin s'en écartent un moment pour attaquer Rome, mais y reviennent bientôt pour édifier leur Église. Cette autorité ne s'exerce elle-même qu'à une condition : c'est que le pouvoir religieux possède la vérité absolue et la rende accessible à tous les hommes. Ainsi l'Eglise, placée entre ciel et terre, la reçoit comme une émanation de l'esprit divin, et la fait descendre de là sur le monde. Bayle supprime l'intermédiaire, et ruine le principe d'autorité en niant l'existence de cette *vérité absolue* parmi les hommes, ou du moins l'existence d'un *criterium* auquel on puisse la reconnaître. Ici-bas, il n'y a, dit-il, que des *vérités particulières* (1) : « car, comme les droits de la vérité ne se peuvent exercer que sur des individus, ainsi la vérité

---

(1) Lett. sur la consc. err.

4

ne peut agir si elle ne devient particulière et pour ainsi dire individuelle. Quelle est donc la vérité qui oblige l'homme? C'est celle qui s'applique à Jean et à Jacques, et qui devient elle-même idée particulière à Jean et à Jacques : car, pour la vérité en elle-même et dans son idée métaphysique, comment obligerait-elle l'homme, *puisqu'elle n'existe pas parmi les hommes,* tout ce qui existe étant ceci ou cela en particulier? » La religion n'est donc, comme tout le reste, qu'*une opinion particulière.* Or, toute opinion s'introduit en nous sous le contrôle de la raison. Les catholiques eux-mêmes, qui la répudient, s'en servent néanmoins lorsqu'ils disent : « L'Eglise a plus de lumières que moi, donc je dois croire l'Eglise. » C'est en vertu d'un jugement particulier qu'ils justifient leur obéissance. L'entendement est toujours là, placé *comme un concierge* à la porte de l'âme. Il est actif ou indolent, léger ou sérieux; il peut être abusé, séduit, Bayle ne le nie point; mais ses priviléges n'en restent pas moins entiers. L'erreur est un droit imprescriptible, inhérent à la raison comme le mal à la liberté. Plus tard, nous rendrons compte à Dieu de l'usage que nous aurons fait de notre raison, des erreurs où nous serons tombés par légèreté, par oisiveté ou par intérêt; mais les hommes n'ont rien à y voir. Enfin, *tout homme qui use honnêtement de sa raison est orthodoxe à l'égard de Dieu.*

L'orthodoxie se trouvait ainsi déplacée : elle sortait du temple et se réfugiait dans le sanctuaire impénétrable de la conscience individuelle, loin du contrôle de l'Église et de l'État; en d'autres termes, l'orthodoxie n'existait plus; l'hérésie devenait la condition normale de chaque homme. Bayle, en forçant les conséquences, avait emprunté ce principe à Descartes et à Luther. L'émancipation de la raison individuelle proclamée par la *Méthode*, la libre interprétation des Ecritures introduite par la *Réforme*, tel était le double point de départ de cette audacieuse protestation. L'auteur de la lettre interprétait à sa façon la fameuse maxime :

Tout protestant est pape une Bible à la main.

Seulement, la Bible et toutes les saintes Écritures étaient une faible barrière pour arrêter les esprits une fois lancés dans cette voie. Bossuet avait dès long-temps montré les conséquences d'un pareil principe aux mains des indépendants : « Il n'y a point de particulier qui ne se croie autorisé par cette doctrine à adorer ses inventions, à consacrer ses erreurs, à appeler Dieu tout ce qu'il pense (1). » Et le père Le Fèvre, malgré son ton déclamatoire, ne se trompait pas, lorsqu'il disait : « Où sommes-nous, grand Dieu ! Certes, nous voilà bien au large par rapport à la foi.... Arius, Socin, et tous les adversaires de la divinité de Jésus-Christ et de la Trinité, seront orthodoxes à l'égard de Dieu.... N'est-ce pas donner tête baissée dans le quakérisme et dans *l'enthousiasme fanatique de l'esprit particulier* (2) ? »

En effet, cette manière de comprendre et de définir la religion aboutit directement, qu'on le veuille ou non, 1° à la ruine du principe d'autorité, puisque chaque homme n'est justiciable que de sa conscience ; 2° au mé-

____

(1) Or. fun. de la reine d'Angleterre.
(2) Exam. crit. des ouv. de Bayle.

pris de la tradition, puisque l'individu se dresse de toute la hauteur de sa liberté et de sa raison contre le témoignage des pères et des conciles. La religion se trouve ainsi ramenée aux proportions d'un système philosophique : elle ne saurait être autre chose pour tout protestant, qui ne s'arrête point sur la pente du libre examen. Plus tard, Bayle reconnut lui-même les conséquences périlleuses de ce principe, lorsqu'il avouait qu'appliqué rigoureusement, il deviendrait bientôt *l'éponge de toute religion* (1). Après avoir dirigé contre l'obéissance aveugle toutes les forces de la liberté et de la raison, nous le verrons se retourner brusquement et briser l'arme dont il s'est servi. Mais il nous faut suivre encore ces témérités de *l'esprit particulier* mêlées à de grandes et nobles vérités dans un ouvrage considérable, écrit au lendemain de la révocation : *le Commentaire philosophique sur la parabole: Contrains-les d'entrer.*

Saint Augustin avait défendu le sens littéral de cette maxime contre les donatistes. Les persécuteurs de France s'autorisaient de son exemple pour glorifier les rigueurs de Louis XIV (2). Bayle engagea résolument la lutte. Les partisans de la contrainte s'appuyaient, *a priori*, 1° sur le sens littéral de ces mots : Contrains-les d'entrer ; 2° sur l'autorité du roi et le droit qu'il a de réduire les rebelles ; 3° sur la vérité de la religion ; 4° sur l'exemple de Moïse et de saint Augustin.

____

(1) V. Rép. aux Quest. d'un prov., 2ᵉ et 3ᵉ part.

(2) Les lettres de saint Augustin contre les donatistes furent imprimées en français, par ordre de l'archevêque de Paris, sous ce titre : « Conformité de la conduite de l'Eglise de France pour ramener les protestants avec celle de l'Eglise d'Afrique pour ramener les donatistes. »

Bayle range en ligne ces objections, et les renverse l'une après l'autre. D'abord, le sens littéral est faux, parcequ'il est contraire à la raison : « Or (1), la lumière naturelle, ou les principes généraux de nos connaissances, sont la règle matrice et originale de toute interprétation de l'Ecriture, en matière de mœurs principalement..... Qu'on ne dise donc plus que la *théologie est une reine dont la philosophie n'est que la servante.* » Il est faux, parcequ'il est condamné par la morale ; autrement, tous les crimes commis au nom de la foi deviendraient légitimes. Ici encore reparaissent ces droits absolus de la morale que la lumière naturelle nous révèle et que Dieu a établis antérieurement à toute religion. Enfin, il est faux, parcequ'il est en désaccord avec l'esprit de l'Évangile, qui recommande la douceur et la charité.

Vient ensuite la seconde objection, fondée sur les droits du roi. Bayle repousse comme une doctrine monstrueuse ce prétendu droit qu'auraient les pouvoirs civils d'intervenir en matière religieuse. Un roi qui n'a jamais ouvert un livre de théologie est-il capable de juger des hérétiques? Son intervention ne deviendrait légitime que dans le cas où la paix publique serait troublée (2). « On n'a pas le même droit sur *les opinions* que sur *les actions*, car les opinions ne préjudicient point comme

---

(1) Comm. phil., 1re partie.

(2) «Toute secte qui s'en prend aux lois des sociétés, et qui rompt les liens de la sûreté publique en excitant les séditions et en prêchant le vol, le meurtre, la calomnie, le parjure, mérite d'être *incessamment exterminée par le glaive des magistrats.* Hors de là, toute persécution contre les idées est injuste et déraisonnable. (Comm. phil., 2e part., ch. 6.)

les actions à la prospérité, à la force et à la tranquillité
de la république. » Dira-t-on que les protestants déso-
béissent à la loi et qu'alors ils méritent d'être traités
comme rebelles ? « Une loi qui n'est pas juste, reprend
Bayle, n'est pas une loi. » Et, à ce propos, il cite l'exemple de Basile, grand-duc de Moscovie, qui commandait
à ses paysans de traverser en hiver des rivières demi-
glacées, de sauter dans des brasiers ardents, de lui apporter un verre de sueur ou un millier de puces (1). « Il
ne recommandait pas des choses plus impossibles qu'il
ne l'est à certaines gens de croire ceci ou cela en matière de religion. » Ici le scepticisme de Bayle s'attaque
à la loi écrite en général, civile ou religieuse ; il appelle
la raison individuelle à la juger, à en discuter la valeur
et l'application. Ce principe, qu'il invoquait pour le besoin momentané de sa cause, était une grande hardiesse,
dont il ne prévoyait pas alors toute la portée. Les sujets,
avant d'obéir, se demanderont donc si la loi qu'on leur
impose est d'accord avec la justice. L'obéissance raisonnée prendra la place de l'obéissance passive.

Bossuet parle tout autrement dans sa Politique : « Il
faut servir l'État comme le prince l'entend. Le prince
voit de plus loin et de plus haut ; on *doit croire* qu'il
voit mieux, et il faut obéir sans murmure, puisque le
murmure est une disposition à la sédition. » Quand le
duc Basile ordonne à ses sujets de lui apporter un verre
de sueur ou un millier de puces, il importe au bien de
la société qu'il soit fidèlement obéi. Bossuet, il est vrai,
fait une réserve, qui suffisait pour justifier les protes-

___

(1) Comm. phil., 2ᵉ part., ch. 6.

tants : « Il n'y a qu'une exception à l'obéissance qu'on doit au prince, c'est quand il commande contre Dieu. » Pourquoi donc alors approuver la révocation de l'édit de Nantes? Égaré par l'esprit de parti, Bossuet, malgré toute sa logique, ne s'aperçoit pas de la contradiction. Après tout, s'il frappe, s'il proscrit, s'il condamne, n'a-t-il pas pour lui la *vérité?*

Consultez les hommes d'État, les légistes, les théologiens du XVIIe siècle : pour eux la vérité est *une, absolue, universelle, obligatoire*; elle doit éclairer également tous les esprits et s'imposer à toutes les consciences. L'homme qui ne la voit pas ne veut pas la voir; il est rebelle ou perverti. La contrainte à son égard est un acte légitime, presque un bienfait. Bayle a déjà répondu à cette objection dans sa Lettre sur la conscience errante, en niant ce principe d'une vérité absolue, universelle, qu'on invoque ici. La vérité n'est obligatoire qu'à la condition d'être connue; or, elle ne peut être connue que par chacun en particulier : donc il ne saurait y avoir en ce monde de vérité obligatoire pour tous. D'ailleurs, la vérité ne peut s'imposer par force (1) : « Combattre des erreurs à coups de bâton, n'est-ce pas la même absurdité que de combattre contre des bastions avec des harangues ou des syllogismes? » Toutes les religions qui se sont succédé dans le monde ont eu la prétention d'être vraies; toutes ont eu foi en elles-mêmes : elles avaient donc le droit de persécuter. Dès lors, les païens ont eu raison d'envoyer les chrétiens

---

(1) Comm. phil., ch. 6, 2e part.

à l'amphithéâtre, conséquence absurde et abominable !
Mais, dira-t-on, les païens étaient dans l'erreur ! Et qui
nous prouve, s'écrie Bayle, que les catholiques n'y sont
pas ? « Ni par l'Écriture, ni par la lumière naturelle, ni
par l'expérience on ne peut connaître certainement que
l'Église est infaillible (1). » La grâce seule peut nous le
révéler ; mais ceux qu'elle n'a point éclairés ne sont-ils
par excusables en conservant leurs doutes ?

Reste enfin l'argument tiré de l'Écriture. Moïse ordonne de mettre à mort tout adorateur des idoles. Bossuet s'autorise de cet exemple et déclare que, l'Écriture
ayant rangé les hérétiques au nombre des malfaiteurs,
les magistrats ont autorité sur eux pour les punir (2).
« J'ai droit de répondre à M. de Meaux, répond Bayle,
qu'il n'y a rien de plus contraire à la raison et à la piété
que de prétendre qu'il y ait un pareil ordre dans l'Écriture. » Les lois pénales du vieux Testament ont été abo-
lies sous le nouveau, en vertu de cet adage : *Legem an-
tiquam lex abrogat nova*. De Moïse il passe à saint Augustin, discute chaque phrase de sa lettre contre les
donatistes, en fait ressortir les erreurs, les sophismes
et les contradictions ; montre que ce Père a été amené
à justifier pour le besoin de sa cause des rigueurs qu'il a
condamnées dans ses autres ouvrages ; l'accuse de se
payer d'illusions, de métaphores et d'antithèses qu'il
prend pour des raisons, par exemple lorsqu'il dit, à
propos des hérétiques, « *qu'on a le droit de proscrire
ceux qui ont proscrit Jésus-Christ, et d'enlever le pouvoir*

---

(1) Comm. phil., 2ᵉ part.
(2) Suppl. au Comm. phil., ch. 22.

de tester à ceux qui ont foulé aux pieds le testament de Dieu... » — « Saint Augustin est si entêté de sa persécution, qu'il la trouve dans une infinité de passages où il s'agit autant de cela que des intérêts du grand Mogol (1). »

Après avoir démontré *à priori* que la persécution ne saurait être justifiée ni par la raison, ni par l'Écriture, ni par les exemples ; il attaque un second ordre de preuves, celles *a posteriori*.

Dira-t-on que les résultats obtenus suffisent pour autoriser les violences ? C'était la pensée de Mme de Maintenon, lorsqu'elle faisait enlever aux mères protestantes leurs enfants, pour les élever dans la religion catholique. Bayle proteste énergiquement contre cette doctrine, que Pascal avait flétrie dans ses Provinciales, et Molière dans son Tartuffe.

> « Scelera ipsa nefasque
> Hac mercede placent,

a-t-on dit autrefois pour justifier Néron. Combien y a-t-il de Français qui en disent aujourd'hui autant ? Puisque tout ce grand attirail de crimes a procuré à notre invincible monarque la gloire et le contentement de ne voir qu'une religion dans ses États, il est beau, juste et infiniment agréable qu'ils aient été commis. »

Mais, ces résultats dont on fait tant de bruit, sont-ils bien réels ? Bayle en doute. Il croit que ces conversions forcées sont tout au plus bonnes à produire des hypocrites ou des indifférents. Déjà, dans ses Pensées sur les comètes, il avait signalé les dangers de ce prosélytisme aveugle, qui veut conquérir les âmes à tout prix. « *Nous*

---

(1) Comm. phil., 3e part., ch. 12. — *Ibid.*, ch. 35.

avons présentement à craindre le contraire de nos faux con-vertis, savoir un germe d'incrédulité, qui sapera peu à peu nos fondements, et qui, à la longue, inspirera du mé-pris à nos peuples pour les dévotions qui ont le plus de vogue parmi nous (1). Le temps lui a donné raison : rien ne servit plus puissamment l'esprit anti-religieux du XVIIIᵉ siècle que le souvenir des persécutions exercées contre les réformés. C'est qu'en effet on ne violente pas impunément la conscience humaine ; elle a ses retours et ses vengeances. L'Église croyait avoir gagné des ca-tholiques ; elle se trompait : elle n'avait fait qu'introduire dans son sein des ennemis implacables, ou, ce qui est pire, des serviteurs incrédules, impatients de lui faire expier la honte et les remords qu'elle leur avait im-posés.

Les politiques invoquaient en faveur de la révocation cette maxime, que tout changement de religion entraîne à sa suite une révolution dans l'État. L'échafaud de Charles Iᵉʳ apparaissait comme un exemple terrible de ces grandes catastrophes auxquelles s'exposent les princes et les peuples en se séparant de l'Église. Bossuet avait revêtu cette idée de toutes les magnificences de sa pa-role dans l'oraison funèbre de la reine d'Angleterre ; plus tard il en fit le fondement de sa Politique. Bayle ne croit

---

(1) Pens. sur les com., 1ʳᵉ part., ch. 93.

Fénelon exprime les mêmes craintes dans une lettre célèbre écrite à M. de Seignelay (26 fév. 1686) : « Si peu qu'on les presse, on leur fera faire des sacriléges innombrables. Les voyant com-munier, on croira avoir fini l'ouvrage ; mais on ne fera que les pousser par les remords de leur conscience jusqu'au désespoir, ou bien on les jettera dans une impossibilité et une indifférence reli-gieuse qui est le comble de l'impiété. »

pas à ces tristes prédictions ; il ne voit là qu'un lieu commun rebattu par tous les ignorants, et il leur oppose l'exemple des huguenots restés fidèles à Henri IV, et des ligueurs révoltés contre leur souverain légitime.

Une dernière objection, qu'il réfute en terminant, est celle qui représente la pluralité des religions comme une cause permanente de guerre civile.

Pourquoi les différents cultes ne vivraient-ils pas en bons voisins dans une même république, comme les industries, qui se supportent mutuellement dans une même ville? Qu'importe la diversité des tons et des voix, si elle forme un vaste concert à la louange de l'Eternel : « L'exemple de la république de Hollande, qui tolère plusieurs sectes avec beaucoup d'équité, fait voir manifestement que, pourvu que l'on donne une raisonnable liberté aux sectes, elles concourent toutes, avec la religion dominante, au bien général de l'État (1). » Cette idée, toute moderne, d'un gouvernement impartial étendant sa protection sur tous les cultes, et les forçant à se respecter l'un l'autre, se trouve exposée dans Bayle avec une hardiesse et une simplicité remarquables. Le seul regret qu'on éprouve en lisant ce plaidoyer, d'ailleurs si plein de verve et de bon sens, c'est de voir l'auteur attribuer trop souvent à la religion les fautes des hommes ; c'est de rencontrer çà et là quelques phrases, grosses de rancune protestante, dirigées contre l'Église romaine, par exemple lorsqu'il engage les souverains à se méfier des papistes, à les tenir enchaînés comme *des lions et*

____

(1) Crit. gén. de l'Hist. du calv., 2ᵉ part., lett. xvii. — Rép. aux Quest. d'un prov., 4ᵉ part., ch. 1ᵉʳ et suiv.

des léopards, de manière à n'avoir rien à craindre de leurs machinations. Mais il se hâte de réparer cette dure parole, qui eût pu être mal comprise, en ajoutant aussitôt : « Je ne voudrais pas que jamais (1) on laissât leurs personnes exposées à aucune insulte, ni qu'on les inquiétât dans la jouissance de leurs biens et dans l'exercice particulier et domestique de leur religion, ni qu'on leur fît des injustices dans leurs procès, ni qu'on les empêchât d'élever leurs enfants dans leur créance, etc. » En un mot, il réclame la protection des lois, la liberté individuelle, la sécurité domestique, pour ces mêmes hommes qui ont dispersé les cendres de son foyer, qui ont emprisonné sa famille, et l'ont forcé lui-même à venir chercher en Hollande un asile et un morceau de pain. Prétendre, comme on l'a fait quelquefois, que Bayle ait jamais essayé de justifier les représailles des princes protestants contre leurs sujets catholiques, est une erreur ou une calomnie Laissons-lui du moins la gloire d'avoir soutenu sans faiblir la cause de la tolérance. Si nous voulons le combattre, nous avons assez d'autres contradictions et d'autres torts à lui reprocher.

Nous avons longuement exposé comment Bayle entendait et définissait l'existence et les droits des religions. C'est là, en effet, la partie la plus originale de son système. Comme nous l'avons déjà dit, il entreprend peu de choses sur les dogmes ; ses attaques contre la transsubstantiation, le culte des saints, la confession auriculaire, ne sont qu'un écho affaibli de celles de Luther et de Calvin. Du reste, le protestantisme n'est pour lui qu'un

______

(1) Comm. phil., 2ᵉ part., ch. 5.—Suppl. au Comm. phil., ch. 31.

point d'arrêt sur la route : il passe bien vite au delà.

Quoiqu'il communiât quatre fois l'an, si l'on en croit son propre témoignage et celui de son biographe Des-Maizeaux (1), Bayle attachait peu d'importance aux pratiques extérieures de la religion. Sans parler de ces migraines fréquentes qui l'empêchent d'assister au prêche, il pense qu'on peut servir Dieu tout aussi bien dans son cabinet *qu'en allant dormir* au sermon. Jurieu, formaliste et exigeant comme tous les hommes d'autorité, tire de là un de ses principaux griefs : il lui reproche de ne point édifier le monde par *ses actes*. En parlant ainsi, en accusant Bayle d'être le secret allié des spinosistes et des déistes, Jurieu, malgré ses exagérations et ses violences, n'avait pas complétement tort : il sentait par instinct, tout aussi bien que Bossuet, les progrès de cette religion philosophique qui allait empiéter peu à peu sur les droits des religions positives, et comprenait que relâcher les liens de la pratique, c'était affaiblir ceux du dogme. A ce point de vue, le mot de Pascal : *Prenez de l'eau bénite*, est juste, moins l'abêtissement. Aussi la politique constante des hérétiques, des libres penseurs et des incrédules, à toutes les époques, a-t-elle été de tourner en ridicule ou d'amoindrir les cérémonies du culte. Calvin supprime du même coup les vases, les statues, les chants, le sacrifice de la messe et le service des morts. D'autres viendront plus tard qui supprimeront la prière (2). Bayle est sur le chemin qui mène à ces conséquences ; il approuve fort le chrétien raisonna-

---

(1) Cabale chimérique.
(2) Rousseau, Prof. de foi du vicaire savoyard.

ble de M. Locke, qui a déjà plus d'un trait de ressemblance avec le vicaire savoyard de Rousseau. L'esprit disputeur et contradicteur du *chrétien spéculatif* remplace en lui l'humble docilité du *chrétien pratiquant*. Il est vrai qu'ailleurs, après avoir poussé la raison en avant, il la force à reculer ; il lui conteste le droit de s'immiscer aux questions religieuses, sous peine d'hérésie. Mais ce n'est là qu'un argument de circonstance pour fermer la bouche aux théologiens.

Un autre trait qui prouve l'indifférence de Bayle à l'égard des religions positives en général, c'est la facilité même avec laquelle il devient tour à tour catholique dans ses *Pensées sur les comètes*, presbytérien dans le *Commentaire philosophique*, manichéen dans le *Dictionnaire*, protestant méthodiste dans ses *Réponses aux Questions d'un provincial*. Véritable Protée, il prend tous les déguisements et parle toutes les langues avec la souplesse d'un avocat, qui ne songe qu'à gagner sa cause. Cependant, à travers ces variations infinies, il reste fidèle à trois ou quatre grands principes sur lesquels l'Ecriture est d'accord avec la raison (1). L'existence de Dieu et de sa providence, l'immortalité de l'âme, la vie future, sont des faits qu'il admet *a priori*.

Encore se réserve-t-il le droit de les comprendre à sa façon. La Providence, telle qu'il l'entend, est générale plutôt que spéciale. A ses yeux, la permanence et la

---

(1) « Par les plus pures et les plus distinctes idées de la raison, nous connaissons qu'il y a un être souverainement parfait qui gouverne toutes choses, qui doit être adoré de l'homme, qui approuve certaines actions et les récompense, qui en désapprouve d'autres et les punit.» (Comm. phil., 1re part., ch. 1.)

simplicité des lois sont les seuls caractères qui conviennent à la majesté divine ; les exceptions doivent être fort rares. Par prudence, il accepte volontiers les miracles de l'Écriture, tout en laissant tomber çà et là quelques objections restées sans réponse ; mais, hors des livres saints, sa foi devient plus indocile. Il s'indigne contre ces maladroits qui mettent le ciel en branle pour le gain d'une bataille ou pour la mort d'un prince. » Ces hyperboles ne sont permises qu'aux prédicateurs et à messieurs de l'Académie française (1). »

La foi aux miracles s'était ranimée plus vive que jamais, surtout depuis les dernières persécutions. Les catholiques y cherchaient une justification des dragonnades, les protestants des consolations et des espérances. La Suisse, le Dauphiné, virent s'élever des centaines de petits prophètes, presque tous enfants, qui annonçaient le triomphe du protestantisme et le retour des réformés en France après trois ans d'exil. Cette date de 1689 restait suspendue comme une menace sur la tête de Louis XIV ; les pasteurs la rappelaient sans cesse du haut de leur chaire. Jurieu, *entonnant le cornet prophétique*, selon l'ironique expression de son adversaire, la célébrait avec enthousiasme dans ses lettres pastorales. La plupart des protestants y croyaient de bonne foi. Un moment, la chute de Jacques II sembla justifier ces espérances. Bayle hochait tristement la tête, se défiant « de ces amorces par lesquelles la Providence sem-

---

(1) V. Dict., art. Charles-Quint. Critiques dirigées contre Sandoval. — V. aussi les conseils qu'il donne à Boileau et à Racine, nommés historiographes du roi. (Pens. sur les com., 1ʳᵉ part., ch. 97.)

blait vouloir tenter la foi des incrédules, et les faire déchoir de la règle du bon sens (1). » Enfin l'année 1689 s'écoula, et les portes de la France restèrent fermées aux protestants. Bayle se consola de ce malheur en songeant que la raison était vengée (2).

Ainsi, par esprit de réaction contre cette foi exagérée qui voit partout une intervention divine, il est amené à limiter la part de la Providence dans l'intérêt de son indépendance et de sa dignité. Il finit par la reléguer si loin que les menus détails du monde lui échappent. Il garde pour elle jusqu'au bout tous les égards dus à une puissance établie depuis si long-temps ; mais ces hommages, qu'il lui rend en passant, ressemblent un peu aux compliments officiels que la politique et la convenance lui font adresser tour à tour à Louis XIV, au roi Guillaume et à la reine Christine. D'un autre côté, s'il admet *a priori* certaines vérités, dès qu'on essaie de les discuter et d'en établir les preuves, il retombe dans son scepticisme habituel ; il accumule les difficultés contre les théologiens, gens entêtés et présomptueux, et travaille de toutes ses forces à obscurcir les dogmes pour lesquels il professe le plus grand respect.

Cette nouvelle phase du scepticisme de Bayle est d'autant plus curieuse à étudier qu'elle semble une contradiction formelle de tout ce que nous avons vu jusqu'ici. Dans la première partie, nous l'avons montré aux prises avec les partisans de l'autorité, opposant à la lettre morte la libre interprétation ; nous le verrons bien-

---

(1) Lett. à **M. Constant** (8 mai 1689).
(2) L'Avis aux réfugiés parut l'année suivante.

tôt s'attaquer aux théologiens, aux philosophes, aux moralistes, à tous ceux qui placent la vérité sous l'égide de la raison, et proclamer la maxime du *Credo quia absurdum* comme la loi suprême des religions, des sociétés et des gouvernements. Au fond, la conclusion est la même : il revient au doute par le dogmatisme religieux, comme il y est arrivé par le libre examen. Qu'il tourne la raison contre la foi, ou la foi contre la raison, c'est toujours le même *jeu de bascule* aboutissant à d'éternelles contradictions.

Avec de pareils éléments, on comprend qu'il est assez difficile de définir au juste les opinions religieuses de Bayle. Lui-même, emporté d'un extrême à l'autre par les ardeurs ou les caprices de la polémique, ne s'en rendait pas bien compte. Est-il absolument incrédule? Non. Déiste? Non. Luthérien? calviniste? catholique? Non. Qu'est-il donc? Rien de cela et tout cela à la fois. A vrai dire, il n'est d'aucune église, comme d'aucune école. Ame flottante et mobile, poussée par les mille vents de la dispute, il put répéter toute sa vie comme Horace :

Quo me cumque rapit tempestas, deferor hospes.

Il se laisse aller où la vague le porte; puis, fatigué de ces courses errantes, ne sachant où mettre le pied, *il fait comme la colombe au temps du déluge*, il rentre dans l'arche, c'est-à-dire dans la foi de ses pères, et s'y repose un instant, mais pour en sortir bientôt. Dans ces courts moments de répit, il s'amuse à gourmander les libres penseurs, les pyrrhoniens, ses amis de la veille, qui le seront encore demain. Il s'écrie avec Balzac : « Nous ne sommes pas venus en ce monde pour faire

des lois, mais pour obéir à celles que nous avons trou-
vées, et nous contenter de la sagesse de nos pères comme
de leur terre et de leur soleil (1) :

> Toutes ces opinions nouvelles
> Ne plaisent qu'aux folles cervelles.
> Pour moi, comme une humble brebis,
> Je vais où mon pasteur me range;
> Il n'est permis d'aimer le change
> Que des femmes et des habits.

Il cite, en les approuvant, ces paroles de Saint-Evremont,
un autre amant infidèle de la raison (2) : « Je fais plus
de cas de la foi du plus stupide paysan que de toutes les
lumières d'un Socrate. » Mais ces harangues ou ces
conversions ne sont jamais très sérieuses : le naturel,
c'est-à-dire l'esprit moqueur et libertin, reprend bientôt le dessus. Après avoir longuement réfuté les objections des incrédules, il termine par cette singulière histoire sur le maréchal d'Hocquincourt (3) :

« Le diable m'emporte si je croyais rien alors! dit le
maréchal; depuis ce temps, je me ferais crucifier pour
la religion. Ce n'est pas que j'y voie plus de raison, mais
je ne saurais vous dire, je me ferais crucifier sans savoir pourquoi. — Tant mieux, répondit le Père d'un
ton de nez fort dévot, tant mieux; ce ne sont point là
des mouvements humains, cela vient de Dieu. Point de
raison, c'est la vraie religion; point de raison. » Et
comme s'il voulait faire ressortir l'immense service
qu'il rend à la vraie foi en parlant de la sorte, il ajoute :
« En voilà, ce semble, plus qu'il n'en faut pour dissi-

---

(1) Pens. sur les com., 1re part., ch. 127. — Balzac, Ent. 37.
(2) Eclairc. sur les athées.
(3) Eclairc. sur les pyrrhon.

per les scrupules que les prétendus triomphes des pyrrhoniens ont fait naître dans l'esprit de quelques uns
de mes lecteurs. » Malheureusement, cette manière de
prêcher la foi et l'obéissance ressemble trop à celle de
Rabelais dans le *Gargantua* (1) : « Pour ce dictes-vous
qu'il n'y ha nulles apparences. Je vous dy que pour
ceste seule cause, vous le debvez croire en foy parfaite;
car les sorbonistes disent que foy est argument des
choses de nulle apparence. » Ce ton de légèreté et de
persifflage, qui éclate malgré lui à travers ses boutades
édifiantes et ses airs de gravité simulée, atteste l'indifférence d'un esprit qui n'est jamais plus disposé à se
moquer des principes et des croyances qu'au moment
même où il les défend. Ce serait presque le cas de s'é-
crier : « *Notre ennemi c'est notre ami.* » Seulement son
incrédulité est si discrète et si modérée, elle sait si bien
s'arrêter à temps et se démentir au besoin, qu'il est difficile de la surprendre en flagrant délit. C'est une tendance plutôt qu'un aveu. Voltaire, qui ne pouvait guère
s'y méprendre, a parfaitement caractérisé cette nature
insaisissable du scepticisme de Bayle, lorsqu'il a dit (2) :
« Ses plus grands ennemis sont forcés d'avouer qu'il n'y
a pas une seule ligne de ses ouvrages qui soit un blas-
phème évident contre la religion chrétienne ; mais ses
plus grands défenseurs avouent que, dans ses articles
de controverse, il n'y a pas une page qui ne conduise au
doute , *et souvent* à l'incrédulité. » Et pourtant ce
douteur éternel, qui même sur son lit de mort refusait

---

(1) Garg., ch. VI.
(2) Lett. à S. A. Mgr le prince de *** (Brunswick).

de croire à la médecine et laissait la nature achever son œuvre, traçait d'une main défaillante, pour son ami M. de Terson, un billet ainsi conçu : « Je meurs *en philosophe chrétien* persuadé et pénétré de la miséricorde divine. » Philosophe et chrétien ! alliance bizarre, quand on se rappelle certains passages de Bayle. A l'approche de ce moment suprême, qu'il attendit avec calme, sans interrompre un instant ses travaux, cédait-il à un vague sentiment d'inquiétude, ou songeait-il encore, pour assurer le repos de sa cendre, à déjouer les anathèmes du consistoire de Rotterdam ? Non. L'accuser de faiblesse ou d'hypocrisie serait une injustice. Après avoir passé sa vie à quereller la philosophie et la religion, il put se retrouver au bord de la tombe chrétien et philosophe, sans mentir à sa conscience. L'audace est souvent dans l'esprit plutôt que dans le cœur : combien de gens hésiteraient à faire passer dans leur conduite les hardiesses de leur plume ou de leur imagination! Sous prétexte de logique, ne faisons pas les hommes plus absolus, plus conséquents qu'ils n'ont pu ou voulu l'être ; contentons-nous de trouver en eux ce qu'on ne saurait refuser à Bayle au milieu de ses contradictions : la franchise et la probité.

Leibnitz, qui n'avait cessé de l'aimer et de l'estimer, malgré la dissidence de leurs opinions, ne désespérait pas de son salut. Il lui consacrait un des plus gracieux souvenirs de sa vaste érudition, en le plaçant, sous le nom de Daphnis, dans ces régions éthérées, séjour des âmes candides et pures, qui ont aimé et cherché la vérité :

> Candidus insueti miratur limen Olympi,
> Sub pedibusque videt nubes et sidera Daphnis.

CHAPITRE IV.

SCEPTICISME THÉOLOGIQUE.

La raison et la foi. — Existence de Dieu. — Origine du mal.

Pourquoi et *Comment*, telle est la double forme sous laquelle se produit d'abord l'esprit de doute et d'examen. A l'origine, les philosophies et les religions grandissent ensemble à l'ombre du sanctuaire ; il n'y a entre elles ni défiance, ni jalousie. La lutte n'éclate que le jour où se pose sur les choses divines cette question inévitable du *Pourquoi* et du *Comment* (1). Le paganisme, produit bizarre de l'imagination et de la crédulité d'un monde enfant, dut succomber devant une pareille épreuve. Le christianisme, supérieur à toutes les religions et à toutes les doctrines qui l'avaient précédé ; résumant et complétant, sous la forme la plus simple et la plus élevée, les sublimes vérités que les sages des anciens temps avaient à peine entrevues ; obligé de lutter dès l'origine contre les périls de l'hérésie et la rivalité des sophistes, n'attendit pas l'appel des philosophes : il alla au devant, accepta l'alliance de la raison en la plaçant sous l'autorité de la foi, et créa une science qui fut en même temps un hommage rendu au plus bel attribut de l'humanité

(1) V. l'Eutyphron de Platon.

et un rempart contre les entreprises de la libre discussion. A son tour, il eut une armée de disputeurs rompus
à toutes les subtilités de la dialectique, prêts à repous-
ser avec leurs propres armes les dissidents qui en appe-
laient à la raison, et ajoutant à l'évidence du fait celle
de la démonstration. De là naquit la théologie, science
périlleuse, contradictoire, a-t-on dit quelquefois, puisqu'elle repose sur deux principes hostiles destinés à se
détruire l'un l'autre. C'était cependant, il faut l'avouer,
une œuvre grande et hardie, que d'éclairer la route de la
foi par les lumières de la raison, que de convier les in-
telligences des sages à la contemplation de ces vérités
descendues du ciel pour nourrir et consoler les âmes
des pauvres et des affligés, que de mettre ainsi le Verbe
créé en rapport avec le Verbe éternel et incréé. La force
et le salut de la théologie résidaient tout entiers dans un
sage tempérament des deux principes, ou plutôt dans la
subordination réfléchie de la raison à la révélation. Inter-
vertir les termes ou rompre l'équilibre de manière à ce
que l'un écrasât l'autre, c'était renverser cet édifice si
laborieusement construit.

Fidèles aux traditions des Pères de l'Eglise, les théologiens du XVIIe siècle s'étaient emparés hardiment du
mouvement philosophique provoqué par Descartes ; ils
avaient réussi en partie à le conduire et à le dominer.
Loin de s'effrayer des éclairs de la raison, ils l'avaient
acceptée comme une alliée, tout en maintenant entre les
vérités philosophiques et les vérités religieuses l'intervalle que la prudence exigeait. Cet accord de la foi et
de la raison reposait sur une sorte de trève tacite, fruit
du bon sens et de la modération, qui réservait les droits

des deux partis. Bayle vient rompre brusquement cette trève ; mais, en homme habile, il feint de n'en vouloir qu'à la raison, qu'il appelle une *coureuse* et une *brouillonne*. C'est au nom de la foi qu'il prétend la chasser du domaine des vérités religieuses. En attendant, il lui lâche la bride, sous prétexte de la rompre, de la pousser à bout et de lui faire avouer son impuissance. — « Si « vous voulez ne rien croire que ce qui est évident « et conforme aux notions communes, prenez la philoso- « phie et quittez le christianisme ; si vous voulez croire « les mystères de la religion, prenez le christianisme et « quittez la philosophie : car de posséder ensemble l'é- « vidence et l'incompréhensibilité, c'est ce qui ne se « peut. »

Chose étrange ! un siècle et demi plus tard les rôles auront changé : l'école théocratique et ultramontaine reprendra un à un tous les arguments de Bayle, pour attaquer les philosophes et les libéraux ; le plus subtil des sceptiques deviendra l'allié des partisans les plus outrés du dogmatisme religieux.

Cette idée du scepticisme comme acheminement à la foi n'appartient pas tout entière à Bayle. Après Charron, La Mothe le Vayer s'était déjà donné pour l'inventeur d'un pyrrhonisme chrétien (1). De sa part, ce n'était qu'une originalité de plus, un jeu d'esprit, comme le discours sceptique qu'il écrivait au père Mersenne sur la musique. Quelques années plus tard, un bel esprit chimérique et superficiel, malgré toute sa science, Huet,

---

(1) V. De la vertu des païens. — Prose chagrine, 2ᵉ part. (Thèse de M. Etienne.)

reprit sérieusement cette thèse, et essaya de faire du doute un instrument de foi religieuse (1). Commencer par les hypotyposes de Sextus Empiricus et finir par les décisions du concile de Trente, tels sont les deux termes opposés de ce système rajeuni de nos jours avec un éclat passager. Sa devise était une antithèse ingénieuse, une pointe subtile et raffinée, comme celles qu'on aiguisait à l'hôtel de Rambouillet : « *Pour croire, il est bon de ne pas croire* »; c'est-à-dire, pour croire, il faut précipiter la raison dans les problèmes les plus périlleux de la philosophie et de la religion ; il faut l'exposer à toutes les séductions de la controverse, l'irriter, l'étourdir, la désespérer, faire la nuit autour d'elle ; puis, du fond de cette obscurité, lui montrer la lumière de l'Évangile, et l'amener ainsi, confuse et repentante, au pied de la croix. Ce voyage romanesque à travers les précipices de la libre discussion et les ombres du scepticisme cachait plus d'un écueil. N'était-ce pas livrer la foi aux aventures? Et pourquoi? Pour la tirer ensuite du cœur de l'homme comme un cri de lassitude ou comme une abdication de sa liberté et de sa raison. Pascal était sorti chrétien de cette épreuve, mais il y avait usé sa vie et sa puissante intelligence; il mourut vieux à trente-neuf ans. Toutes les âmes étaient-elles faites comme la sienne pour ce rude pèlerinage à travers l'incertitude et la contradiction? Combien d'autres moins énergiques, une fois engagées dans ce labyrinthe, couraient risque de s'y égarer ou de s'arrêter en route sans arriver à la lumière !

---

(1) Demonstratio evangelica. Traité de la faiblesse de l'esprit humain. (V. la remarquable thèse de **M. Christian Barthlomèss.**)

Bossuet et Fénelon entrevirent du premier coup les dangers de cette méthode, et la condamnèrent formellement. Tous deux lui donnèrent un éclatant démenti, l'un dans le traité *de la connaissance de Dieu et de soi-même*, l'autre dans celui *de l'existence de Dieu*, consacrant ainsi, chacun de leur côté, par un monument immortel, l'alliance de la foi et de la raison.

En soutenant la thèse de Huet, Bayle s'inquiétait peu au fond des intérêts de la foi ou des droits légitimes de la raison. Cette nouvelle évolution de son scepticisme n'était qu'une manœuvre, un changement de position, toujours au service de la même cause : la tolérance. Tout à l'heure, dans le *Commentaire philosophique*, il attaquait le dogmatisme de la lettre : pour répondre à des adversaires qui prétendaient fermer la bouche aux dissidents, les condamner et les proscrire avec un texte de saint Augustin ou de Moïse, il s'était placé sur le terrain du libre examen ; de là, il avait armé contre les partisans de l'obéissance aveugle toutes les hardiesses de l'esprit particulier. Maintenant, il se retourne contre ses anciens alliés ; il combat un nouveau genre de dogmatisme souvent aussi opiniâtre et aussi intolérant : celui des théologiens qui prétendent ajouter à l'infaillibilité des dogmes l'autorité des arguments, et condamner les hérétiques au nom de la raison comme au nom de la foi. Dans la première partie de cette controverse, il avait principalement trouvé en face de lui des catholiques ; dans la seconde, il eut surtout pour adversaires des protestants, Jaquelot, Leclerc, Bernard, Leibnitz. Trois épisodes importants, ou pour mieux dire trois grandes batailles, où il se plaît à étaler la défaite de la théologie , signalent cette nouvelle campagne du scepticisme de Bayle : 1° la controverse avec Jaquelot sur la conformité de la foi et de la raison ; 2° la discussion avec Bernard sur les preuves de l'existence divine ; 3° la défense du manichéisme.

Bayle, avant d'entamer la lutte, proteste de son respect pour les vérités révélées, s'étend de la manière la plus édifiante sur l'alliance si désirable de la foi et de la raison , déclare bien haut qu'il y a là un problème magnifique à résoudre, flatteur pour l'esprit, consolant pour l'âme, glorieux pour l'humanité , mais un problème insoluble. Essaiera-t-on d'échapper à la difficulté en disant que les vérités incompréhensibles sont supérieures, mais non contraires à la raison ? C'était là, en effet, un biais proposé et accepté par la plupart des théologiens : Bayle a soin de fermer cette issue à ses adversaires ; il ne voit là qu'un compromis pitoyable, un expédient dangereux, qui deviendrait bientôt *l'éponge de tous les mystères*. Il tient à maintenir dans toute sa rigueur le *Credo quia absurdum* comme fondement des vérités religieuses.

Après avoir traité cette question générale , il prend corps à corps son adversaire M. Jaquelot. Cette controverse interminable, qui remplit à elle seule les deux premières parties des *Réponses aux questions d'un provincial* et *les Entretiens de Maxime et de Thémiste*, malgré ses longueurs et ses digressions, est souvent un modèle d'habileté , de raillerie et de bonhommie perfide. Bayle reconnaît d'abord que l'ouvrage de son adversaire (1) a

____

(1) De la conformité de la foi et de la raison.

du bon ; il rend hommage au caractère et au talent de l'auteur, honnête homme, érudit, grand logicien, etc.; puis il se trouve que cet excellent livre est rempli de fautes grossières ; que M. Jaquelot, avec toute son honnêteté, est souvent de mauvaise foi ; qu'avec toutes ses lumières il se trompe continuellement ; qu'avec toute sa logique il arrive à ne rien prouver. A chaque instant Bayle met en relief les sophismes de M. Jaquelot, les ruses de M. Jaquelot, les illusions de M. Jaquelot, pour lequel il ne cesse, du reste, d'avoir une estime particulière.

La grande erreur qu'il lui reproche entre toutes, c'est de croire que, pour faire voir l'accord de la foi et de la raison, il suffit de répondre quelque chose aux objections de la partie contraire : « Quand on discute philosophiquement, il faut suivre son adversaire jusqu'aux dernières extrémités (1). » Telle est en effet la tactique de Bayle : il veut jeter la discussion hors de ce juste-milieu où essaie de la maintenir M. Jaquelot, où l'ont renfermée avec tant d'habileté et de bon sens saint Thomas et Bossuet ; il la pousse jusqu'à ses dernières limites, pour arriver à reconnaître que toutes les discussions théologiques sur les points de foi sont inutiles : «On pourrait en dire ce qu'un envoyé du Grand-Turc disait de nos anciens tournois : Si c'est pour vous divertir, c'est trop ; si c'est pour combattre, ce n'est pas assez (2). » Mais alors pourquoi s'est-il engagé lui-même dans cette controverse inextricable ? Par amour de la

---

(1) Rép. aux quest. d'un provincial, 2ᵉ part., ch. 136 et suiv.
(2) *Ibid.*

dispute. « *Jacta est alea !* s'écrie-t-il, *le Rubicon est passé.* » MM. Jaquelot, Bernard, Leclerc, l'attendent sur l'autre rive, et Bayle est un de ces intrépides joueurs qui se garderaient bien de manquer au rendez-vous. *Jacta est alea*, le combat s'engage, finit et recommence sans cesse, sur l'existence de Dieu, l'origine du mal, la prédestination, les mystères.

Le problème fondamental en théologie, le plus simple, le plus facile et le moins contesté, est à coup sûr celui de l'existence divine. Sur ce point, les preuves se rassemblent d'elles-mêmes avec une telle abondance et un tel éclat, qu'il est impossible d'y résister. Aux enseignements de la révélation viennent se joindre les lumières de la raison, l'autorité des siècles, le cri de la conscience universelle et la voix de la nature entière, qui proclame la toute-puissance de son auteur. Aussi, malgré son goût pour la contradiction, Bayle n'a-t-il point songé à contester d'une manière absolue le témoignage de la raison. Il avoue qu'ici, *par hasard*, elle se trouve d'accord avec la révélation. L'homme ayant l'idée de cause s'élève naturellement à celle d'une force créatrice, d'un être éternel et nécessaire; mais qu'il n'essaie pas d'aller plus loin : toute autre affirmation serait téméraire et impossible à démontrer (1). Bayle ne fait une concession que pour reprendre d'une main ce qu'il accorde de l'autre. S'il reconnaît jusqu'à un certain point l'autorité de la raison, il la resserre dans des limites si étroites, qu'il finit par la réduire à néant (2); s'il admet

---

(1) Rép. aux quest. d'un provincial, 2ᵉ part., ch. 112.
(2) Dict. hist. et crit., art. Simonide.

la preuve métaphysique tirée de l'idée de cause, il conteste les arguments les plus connus, ceux que les théologiens invoquent de préférence, parcequ'ils sont à la portée de tous les esprits. « La question, dit-il, n'est pas s'il y a un Dieu, car tout effet suppose une cause ; il s'agit uniquement de ces deux thèses :

1° Le consentement de tous les peuples est un argument démonstratif.

2° Les impressions de la nature ne peuvent être fausses (1). »

Bayle rassemble contre ces deux arguments toutes les ressources de sa dialectique ; il rappelle les longues erreurs du consentement universel, qui a tour à tour donné raison au polythéisme et tort à Galilée ; il nie à la fois le point de droit : « *Ce qui est cru par tous les peuples est véritable* », et le point de fait : « *Tous les peuples croient à la divinité* » ; il cite le fameux exemple des peuples athées dans les îles Mariannes ; il conteste la valeur du témoignage que les Saxons et les sauvages de l'Amérique ont rendu à la religion chrétienne, et en conclut que l'idée de Dieu aurait pu s'établir de la même façon ; enfin, il ne croit pas qu'il soit possible de démêler les impressions de la nature parmi des hommes qu'on *a sifflés dès le berceau, et à qui l'on a fait croire tout ce qu'on a voulu.*

Toute cette polémique n'était, même alors, ni très neuve, ni très originale, la réponse était facile sur bien des points ; mais Bayle sait rajeunir et égayer la matière par des anecdotes piquantes, des professions

______

(1) Rép. aux quest. d'un provincial, 2ᵉ part., ch. 99 et suiv.

de foi malignes, des dialogues improvisés (1), au milieu d'une discussion où son adversaire déploie avec autant de conscience que de maladresse toutes les rigueurs de la logique. Plus d'une fois le grave et pesant M. Bernard croit l'avoir enfermé dans un cercle d'arguments irréfutables : Bayle se dérobe tout à coup, et fuit en riant de ce lutteur paralytique. De temps à autre, les jésuites de Trévoux viennent se jeter à travers ces escarmouches, et surprendre Bayle dans une fausse position ; car malgré sa prudence et son agilité, le rusé pyrrhonien se laisse souvent entraîner par la chaleur du combat. Alors, il cède habilement le terrain qu'il ne peut défendre, et couvre sa retraite en renvoyant aux bons Pères quelque *distinguo* subtil, digne de leur faire envie (2).

Les doutes ont commencé dès qu'il s'est agi d'établir par des preuves l'existence divine ; ils s'accumulent à mesure que nous essayons de déterminer la nature et les attributs de l'Etre suprême. Chaque trait que nous voulons ajouter pour en rendre la notion plus claire et plus précise est une nouvelle obscurité. Les questions de la Providence, de la création, de la liberté et de la bonté en Dieu, sont autant de routes sans issue dans ce dédale, où Bayle s'égare et s'embarrasse à dessein sur les pas d'Epicure, de Manès et de Pélage.

Il s'attaque d'abord à ce fameux argument des causes finales, parodié déjà par la verve incrédule de Rabelais et de Montaigne, et développé avec une rare magni-

---

(1) V. Dialogue entre un Athénien et un étranger. — Rép. aux quest. d'un provincial, 2ᵉ part., ch. 99.

(2) Rép. au quest. d'un provincial, 2ᵉ part., ch. 112.

ficence de style par Fénelon (1). Les théologiens , en
l'invoquant, confirmaient le témoignage de l'expérience
et de la raison par le texte même de l'Ecriture : « Dieu
dit à nos premiers parents : Que la terre vous soit soumise , et soyez les maîtres des oiseaux du ciel, des
poissons de la mer et de tous les animaux qui mar-
chent. » A ce titre de royauté inscrit par Dieu même
en faveur de l'homme sur les premières pages du livre
sacré, Bayle oppose un acte de déchéance , le péché
originel. Il répond avec un médecin de Paris, Guillaume
Lami, que, par sa désobéissance, l'homme a perdu l'empire du monde ; que les animaux, esclaves révoltés,
ont ressaisi leur liberté (2). « Les chevaux n'ont pas
plus de respect pour la sainteté d'un prêtre que pour les
titres de duc et pair ; ils ne respectent que l'adresse de
ceux qui les montent. Or, cette adresse s'acquiert sans
aucune dépendance de la foi évangélique. »

Cette première objection a, du reste, peu d'importance ; elle n'est que le prélude d'une discussion plus
sérieuse, où Bayle déploie, avec une adresse incroyable,
toutes les subtilités de la dialectique. Témérités de parole et de pensée, brusques saillies , sophismes ingénieux, maximes édifiantes, tout se trouve entassé pêle-
mêle dans ce chaos de contradictions, sur lequel glisse
et se joue son scepticisme infatigable. L'importance de
cette discussion, l'éclat qu'elle eut dans le monde, les
réfutations et les jugements qu'elle souleva, en font un
des épisodes les plus intéressants parmi les controverses

---

(1) Exist. de Dieu, 1ᵉ part.
(2) Cont. des Pens. sur les com., ch. 60.

du XVIIe siècle. C'est un défi solennel jeté aux théologiens anciens et modernes, une grande passe d'armes,
où Bayle entreprend de montrer, à la confusion de la
raison humaine, que l'hérésie, même absurde et contradictoire, peut avoir gain de cause dans la dispute. Tout
ce que la France, l'Allemagne, l'Angleterre, ont de savants et de philosophes, tout ce que les deux églises
catholique et protestante possèdent de théologiens con-
sommés, se trouvent mêlés à ce débat. Les synodes se
rassemblent, les magistrats interviennent, la police
poursuit les pièces du procès, les libraires se liguent
pour les livrer au public clandestinement.

Parmi les objections soulevées contre la Providence et
les attributs de Dieu, il en est une surtout qui a été agitée dès la plus haute antiquité, qui a épuisé tour à tour
la sagacité des philosophes et des théologiens, qui a produit au sein de l'Eglise les hérésies les plus redoutables.
La difficulté de rapporter à un même principe les biens
et les maux de ce monde donna naissance au dualisme.
Cette vieille hypothèse, partie de l'Orient, transmise à
travers les écoles de la Grèce, reparaît dans la société
chrétienne avec Manès, et se perpétue jusqu'au moyen
âge et aux temps modernes par les Albigeois et les Vaudois. Les plus grands philosophes de l'antiquité étaient
venus se heurter contre ce problème : Epicure avait
tranché la question en niant la Providence ; Aristote
avait tenté de la résoudre en admettant d'un côté une
matière incréée, de l'autre un organisateur suprême ;
Cicéron, Plutarque, avouaient leur impuissance à concilier l'existence du mal avec l'unité de Dieu. Les Pères
de l'Eglise, initiés par leur éducation à toutes les diffi-

cultés de la sophistique, comprirent qu'il y avait là
une amorce pour les esprits faibles et indécis, et s'at-
tachèrent à fortifier de ce côté la doctrine chrétienne.
— Saint Augustin, saint Basile, Lactance, Origène.
saint Epiphane. réfutèrent en détail l'erreur du dualisme.
Il fallait bien établir que la croyance au Diable n'était
pas, comme le voulaient les hérétiques, une reconnaissance indirecte de ce double prncipe ; que Dieu conservait toujours l'unité et la suprématie absolue de son
empire. Bayle se trouvait naturellement attiré par les
difficultés de la question ; il ne pouvait laisser échapper
cette occasion d'embarrasser philosophes et théologiens.
Nous essaierons de résumer en peu de mots cette longue
dispute éparse dans le Dictionnaire (art. Manichéens,
Pauliciens, Marcionites), et dans les Réponses aux
questions d'un provincial.

L'auteur commence par s'entourer de précautions,
par désavouer à l'avance toute espèce d'interprétation fâcheuse. « Beaucoup de personnes ont cru que j'avais voulu favoriser les manichéens et inspirer des doutes aux lecteurs chrétiens (1). J'avertis ici que l'on trouvera à la fin
de l'ouvrage un avertissement, qui montrera que ceci ne
peut donner nulle atteinte aux fondements de la foi chrétienne. » Et, pour édifier sans doute les consciences délicates qui conserveraient encore des craintes, il emploie les
épithètes les plus rassurantes, en parlant des disciples de
Manès : il les appelle une secte *infâme, abominable*, etc. ;
mais il ajoute, comme correctif, que tous leurs livres
ont été détruits, et qu'on les connaît seulement par le té-

___

(1) **Dict. hist. et crit., art. Manichéens.**

moignage de leurs ennemis. Leur doctrine est immorale, absurde, contraire à l'Ecriture et à la conscience ; mais elle a pour elle toutes les apparences de la raison. Aux mains d'un habile homme comme Descartes, elle eût pu devenir très embarrassante. « Ce fut un bonheur que saint Augustin, qui connaissait si bien toutes les adresses de la controverse, abandonnât le manichéisme. » Bayle accuse Manès, Marcion, Cédron et tant d'autres, de n'avoir pas su faire *jouer la machine.* Il entreprend de la mettre en branle à son tour, mais pour l'élévation de la foi et l'abaissement de la raison. Son point de départ et sa conclusion sont orthodoxes ; l'intervalle est réservé aux doutes et aux objections.

A priori, la raison, d'accord avec l'Écriture, nous révèle l'existence d'un Être unique, sans égal et sans rival, doué d'une bonté, d'une puissance et d'une sagesse infinies ; mais dès qu'on passe de la contemplation des attributs divins au spectacle du monde qui nous environne, la vue se trouble, les doutes naissent dans l'âme : on se demande comment le mal a pu s'introduire dans l'œuvre de celui qui est la source de toute perfection. La souveraine sainteté peut-elle produire une créature criminelle ? la souveraine bonté une créature malheureuse ?

Le seul mobile qui ait déterminé Dieu à créer doit être l'amour ; or, l'amour ne peut engendrer que le bien. Comment donc expliquer l'existence et l'origine du mal (1) ? Dira-t-on qu'il est tout simplement une privation, une négation ? Bayle repousse cette idée comme une chimère. On ne persuadera jamais à un

______

(1) **Rép. aux quest. d'un provincial**, 2ᵉ part., ch. 74.

homme raisonnable que la peste, la famine, les tremblements de terre, le vol, l'assassinat, soient de pures négations : ce sont là de tristes réalités.

Soutiendra-t-on avec M. King (1) que le mal n'est tel que par un effet de la volonté divine, que la bonté des choses dépend uniquement du choix que Dieu en a fait? Mais cette doctrine serait le renversement de la morale, détruirait toute distinction essentielle entre le vice et la vertu, et menacerait les vérités les plus incontestées. Trois et trois feraient six aujourd'hui parcequ'il plaît à Dieu qu'il en soit ainsi; demain, ils pourraient faire sept.

Aucune de ces deux hypothèses ne saurait résister un quart-d'heure aux objections. Le mal existe donc d'une existence propre, absolue, intrinsèque.

S'il existe, d'où vient-il?

De l'homme, répond saint Basile.

Mais l'homme ne saurait être cause première de quoi que ce soit. D'ailleurs, en dehors de l'humanité, n'existe-t-il pas des êtres qui souffrent? N'y a-t-il pas des calamités indépendantes de l'action de l'homme? Le monde, et tout ce qu'il contient, a été créé et se conserve par une intervention continue de la Providence. Si la main de Dieu l'abandonnait un instant, il retomberait aussitôt dans le néant. Dieu est donc l'auteur du mal comme du bien. Mais cette hypothèse ne saurait s'accorder avec l'idée d'un être infiniment bon et infiniment parfait.

---

(1) Théologien anglais, qui publia sur cette question un livre analysé par M. Bernard. Bayle ne connaissait l'ouvrage que par cette analyse. Une dispute assez vive éclata plus tard à ce sujet. (V. Rép. aux quest. d'un provincial, 3ᵉ part., ch. 21.)

Répondra-t-on, pour sauver la bonté de Dieu, que le mal entrait dans le plan général de l'univers, et que ce plan seul était possible? Alors on limite la puissance du Créateur. Dira-t-on que le mal tient à l'essence même des créatures? Mais les anges et les bienheureux, qui ne sont ni malheureux ni méchants, n'ont-ils pas été créés? — Tous les arguments viennent se briser contre ces quatre objections fondamentales, tirées d'Épicure et citées par Lactance (1) :

« Ou Dieu veut détruire le mal et ne le peut, ou il le peut et ne le veut pas, ou il ne veut ni ne peut, ou il veut et peut. S'il veut et ne peut pas, c'est faiblesse, chose contraire à la nature divine; s'il peut et ne veut pas, c'est jalousie, autre hypothèse impossible; s'il ne veut ni ne peut, c'est à la fois jalousie et faiblesse, double absurdité; s'il veut et peut, pourquoi le mal existe-t-il? »

Lactance, réfutant Épicure, répond que Dieu a permis le mal afin de communiquer aux créatures la sagesse et la vertu. Bayle trouve la réponse *pitoyable et peut-être pleine d'hérésie*, car il faudrait admettre que les bienheureux, pour entrer en communication de la sagesse et de la vertu divine, sont soumis à mille erreurs et à mille incommodités.

L'existence du mal en général, de ce qu'on nomme mal métaphysique, est donc impossible à justifier; celle des maux particuliers est-elle plus légitime? — Prenons d'abord les maux physiques : à quoi bon ces douleurs, ces maladies, qui assiégent l'humanité?

La douleur est, dit-on, un avertissement qui met la

____

(1) Lact. De ira Dei, cap. 17.

créature en garde contre le danger. Mais le plaisir n'eût-
il pu en faire autant? Le mal physique est une épreuve,
qui doit profiter à l'être moral, l'épurer. le fortifier et le
ramener à la pensée de son créateur. Soit; mais pourquoi les êtres sensibles dénués de liberté sont-ils expo-
sés à tant de souffrances (1) ? « Un pauvre lièvre, que ne
fait-il pas pour sauver sa vie? et, la plupart du temps, ne
périt-il pas d'une mort très violente et très douloureuse? »
— Après tout, ajoute t-on, si nombreux que soient les
maux physiques, la somme des biens est encore plus
grande ; et la preuve de ce fait est dans l'amour que tous
les êtres ont pour la vie. Mais qui nous dit, reprend
Bayle, que cet amour n'est pas une infirmité ?

Si de l'ordre physique nous passons à l'ordre moral,
la question se complique bien autrement. « Nous voici
au plus fort de la mêlée, à la grande, à la principale difficulté de l'origine du mal... La raison ordinaire qu'on
fait valoir est celle du libre arbitre : cette raison est belle,
et on y voit un je ne sais quoi qui éblouit. » Bayle, malgré sa passion de contredire, est forcé d'avouer qu'il
éprouve un certain respect, une sorte d'éblouissement,
en présence de ce grand argument de la liberté. Il tourne
autour, le mesure de l'œil, le divise, le subdivise, et
finit par le mettre en pièces.

Le mal moral est, dit-on, une conséquence nécessaire de
la liberté donnée à l'homme ; mais pourquoi Dieu a-t-il fait
à ses créatures un présent qu'il savait devoir leur être
funeste ? Les marcionites avaient trouvé l'objection.

---

(1) Rép. aux quest. d'un provincial, 2e part., ch. **78**.

Origène leur répond qu'une créature intelligente qui n'eût point été douée du libre arbitre eût été immuable et immortelle comme Dieu. Les marcionites baissent la tête, et s'avouent vaincus (1). Mais Bayle n'abandonne pas la partie, et demande à son tour si les bienheureux du paradis, dépourvus du libre arbitre, c'est-à-dire de la faculté de pécher, sont égaux à Dieu dans les attributs de l'immutabilité et de l'immortalité.

Saint Basile soutient, de son côté, que Dieu devait créer des êtres libres, afin d'être aimé d'un amour de choix ; mais cet amour n'est-il point celui des bienheureux dans le ciel, bien qu'ils aient perdu le funeste privilége de pécher? Écoutons à ce sujet le témoignage de Malebranche : « Ceux qui disent qu'il a fallu qu'il y eût des êtres libres, afin que Dieu fût aimé d'un amour de choix, sentent bien dans leur conscience que cette hypothèse ne contente pas la raison (2). »

Dira-t-on que Dieu a permis le péché afin de manifester sa sagesse, qui éclate davantage dans les désordres produits par la malice des hommes que dans l'état d'innocence(3)?... « Ce serait comparer la Divinité à un père de famille qui casserait les jambes à ses enfants pour faire paraître à toute une ville l'adresse qu'il a de rejoindre les os cassés. »

L'existence des êtres libres en ce monde n'était donc nécessaire ni à la gloire ni à la puissance de Dieu. Importait-elle davantage au bonheur de l'humanité? Oui,

---

(1) Dict. hist. et crit., art. Marcionites. — Rép. aux quest. d'un provincial, Controv. avec Leclerc, 2ᵉ part., ch. 162 et suiv.

(2) Malebr., Traité de morale.

(3) Dict., art. Pauliciens.

répondent les partisans du libre arbitre. L'homme trouve dans l'exercice de sa liberté une jouissance inexprimable (1); il y puise le sentiment de sa dignité et de sa supériorité sur les autres créatures. — Mais quoi! le calviniste n'est-il pas aussi heureux d'une bonne action commise avec le secours de la grâce que le stoïcien de sa vertu? Un homme, quel qu'il soit, ne sera-t-il pas plus flatté d'être inspiré par Dieu que par son propre génie? — Enfin, même en admettant que Dieu donnât à l'homme la liberté, puisqu'il prévoyait le cas où celui-ci en abuserait, ne pouvait-il pas écarter les tentations ou lui venir en aide au moment du danger?

La liberté, répondra-t-on, ne peut être suspendue sans un miracle ; mais ce miracle n'a-t-il pas lieu tous les jours dans les opérations de la grâce? — D'ailleurs, pour échapper à la nécessité d'un miracle continuel, Dieu ne pouvait-il pas imprimer à la volonté une direction constante vers le bien? On objectera, dans ce cas, que l'homme deviendrait une pure machine. Mais cet état n'était-il pas celui d'Adam avant sa chute ? n'est-il pas celui des bienheureux dans le ciel? Osera-t-on soutenir qu'ils sont de pures machines? — Et puis, une machine faisant le bien ne vaut-elle pas mieux qu'un être libre méchant et malheureux ?

Une dernière objection est celle qu'on tire de l'éternité des peines : « L'anéantissement (2) est préférable à un supplice éternel. Jésus-Christ l'a décidé très nettement en disant qu'il eût mieux valu pour Judas qu'il ne

---

(1) Rép. aux quest. d'un provincial, 2ᶜ part., ch. **68**.
(2) *Ibid.*, 2ᵉ part., ch. **8**.

fût pas né. » Essaiera-t-on de tourner la difficulté en supposant avec Origène que les peines sont temporaires? Mais alors on tombe dans une hérésie complète. Cette hypothèse même ne justifie point la bonté de Dieu(1) : on se demande comment un Être qui réserve une félicité infinie à ses créatures leur fait souffrir pendant cent mille millions de siècles les tourments les plus affreux.

De quelque côté que l'on se tourne, la solution de ce problème échappe aux prises de la raison (2). « On peut appliquer à cette question de l'origine du mal ce qu'on a dit de celle du Nil, qu'elle était un objet d'admiration plutôt que de connaissance. » Les ténèbres, loin de se dissiper avec le temps, sont devenues plus profondes. Les païens, qui reconnaissaient des dieux favorables et des dieux contraires, pouvaient encore répondre aux objections; mais un philosophe, qui admet un principe unique, aboutit fatalement à la conclusion d'Epicure, c'est-à-dire à la négation de la Providence. Un chrétien, qui s'attache à l'Ecriture, reste confondu... « Aussi un manichéen serait-il plus redoutable aujourd'hui que jamais, dit Bayle; il nous réfuterait tous les uns par les autres. » Il opposerait Epicure à Descartes, les Luthériens aux Calvinistes, les Jansénistes aux Jésuites· «Qui (3) n'admirerait cette déplorable destinée de notre raison ! Voilà les manichéens qui, avec une hypothèse absurde et contradictoire, expliquent les expériences cent fois mieux que nous avec l'hypothèse *si juste*, *si*

---

(1) Rép. aux quest. d'un prov., 3ᵉ part., ch. 5.
(2) *Ibid.*, 2ᵉ part., ch. 91.
(3) Dict., art. Pauliciens.

nécessaire, si uniquement véritable, d'un Dieu infiniment bon et tout-puissant. »

Nous avons analysé, sans l'interrompre par des réflexions personnelles, cette longue série d'objections accumulées et grossies à plaisir. Bayle a su parfaitement saisir toutes les difficultés de la question ; il les a présentées avec une habileté incontestable, mêlant à dessein la philosophie et la théologie pour les brouiller ensemble, empruntant tour à tour des objections ou des réponses à Epicure, à Plutarque, à Zoroastre, aux Pères de l'Eglise et à l'Ecriture-Sainte. Mais il est un point qu'il a négligé, sans doute avec intention, pour laisser à ses objections toute leur force (1). Le manichéisme, redoutable en effet tant qu'il attaque, devient bien plus embarrassant à soutenir que le système contraire, dès qu'on le réduit à la défensive. *A priori*, il repose sur une hypothèse impossible, la coexistence de deux principes infinis et indépendants. On pourrait le comparer à un système d'arithmétique fondé sur cet axiome : Deux et deux font cinq (2).

A cette question de l'origine du mal s'en rattache une autre non moins délicate : celle de la prédestination. Là, il est vrai, Bayle ne s'adressait pas également à tous les théologiens, mais à une fraction de l'Église protestante, aux calvinistes du *gros de l'arbre,* comme il les appelle. En exagérant cette doctrine, Calvin avait

---

(1) « C'eût été, dit-il, peine inutile : l'autorité de l'Ecriture suffit. Vous voulez d'autres cautions, vous souhaitez qu'un raisonnement humain ratifie son témoignage. Cela n'est-il pas indigne d'un homme qui a le sens commun ? » (Eclairc. sur les Manichéens.)

(2) V. la Rép. aux object. de Bayle dans la Théodicée de Leibnitz.

fait rentrer l'esclavage et la persécution dans le monde, après avoir réclamé la liberté et la tolérance à son profit : il avait organisé les pouvoirs civil et religieux à l'image de cette Divinité terrible, qui pousse fatalement les hommes, ceux-ci dans les voies du salut, ceux-là dans le chemin de la perdition. C'était au nom de ce principe qu'il justifiait le meurtre de Servet. Servet était réprouvé, destiné au bûcher de toute éternité. Calvin n'avait donc été que le ministre des ordres célestes. Mais à ce compte, la guerre des Albigeois, les massacres de la Saint-Barthélemy, la révocation de l'édit de Nantes, devenaient des actes légitimes. Bayle, avec son bon sens, son humeur conciliante, son amour de la tolérance, répugnait aux exagérations de cette doctrine impitoyable. Il ne la nie pas expressément, mais il s'attache à démontrer qu'elle ne saurait se concilier avec la liberté de l'homme, ni avec la justice et la bonté de Dieu (1).

Du reste, comme nous l'avions annoncé, arrivé au terme de cette longue discussion, l'auteur a grand soin de conclure de la manière la plus édifiante. Après avoir poussé la raison en avant, il la bride, et la force à passer sous *les fourches caudines* de la révélation ; il calme enfin les inquiétudes qu'il avait données un moment aux vrais fidèles. Il fait un peu comme le père de famille dont il se moquait plus haut : il casse des membres pour avoir le plaisir de montrer son adresse à les

---

(1) M. Pierre Leroux nous paraît avoir attaché une importance beaucoup trop grande à cette discussion sur la prédestination : il en fait la thèse principale de Bayle. Selon nous, elle n'est, comme la question de l'existence du mal, qu'une occasion d'embarrasser les théologiens.

rejoindre. Le grand remède à toutes ces incertitudes,
c'est la Foi.

La Grâce et la Foi, voilà deux mots à l'abri desquels
   nce les doutes les plus redoutables, comme ce Troyen
qui combattait caché sous le bouclier d'Hector. Croire
les yeux fermés, croire sans discuter, sans répondre à
des adversaires qui ont pour eux toutes les apparences
de la raison, croire en désespéré, tel est le seul moyen
de sortir de cette ornière, où la libre discussion nous a
jetés. Que Pascal, dans ses moments suprêmes d'épuisement et de dégoût, se rattache ainsi à la foi la plus rigoureuse, la plus étroite, comme à la seule planche de
salut, on le comprend ; on le plaint et on l'admire, parcequ'il est sincère ; mais que Bayle le pyrrhonien, l'indifférent, l'homme qui dispute pour disputer, qui a proclamé les droits absolus de la raison et de la conscience
individuelle, que Bayle vienne ensuite nous montrer
comme seule issue la Foi, après l'avoir ébranlée, compromise de toutes les façons, on ne peut voir là qu'un
piége ou un jeu d'esprit.

La conséquence d'une pareille doctrine serait 1° d'enfermer l'Eglise dans le cercle infranchissable du *Credo
quia absurdum*, avec défense d'en sortir, sous peine de
venir se heurter contre des objections insolubles ; 2° de
ramener tous les points de dogme à l'état de mystères,
qui devraient rester sans démonstration ; 3° de désarmer la Foi en l'isolant de la Raison ; 4° de réduire à néant
tous les grands travaux théologiques, qui ont fait la gloire
et la force du christianisme, depuis saint Augustin et
saint Thomas jusqu'à Bossuet.

Malgré toute l'habileté de cette manœuvre, Bayle ne

réussit pas à tromper ses ennemis. Ces prétendues humiliations imposées à la raison ne parurent ni si édifiantes, ni si profitables à la foi, qu'il aurait voulu le faire croire. Dans sa réponse à la Critique du Dictionnaire par l'abbé Renaudot, il se plaint de n'avoir pas été compris (1) : « Notez que les nouvellistes de mon adversaire sont assez de bonne foi pour lui rapporter que j'étends partout quelque voile derrière lequel je me réserve une retraite pour le cas de nécessité. C'est qu'il faut s'en tenir à la révélation et soumettre sa raison à la foi.... Ils ont fait accroire au censeur que je ne parle de la soumission à l'Ecriture qu'en disant et après avoir dit tout ce qui se peut imaginer pour affaiblir l'autorité de la révélation et des écrivains sacrés.... ce qui est très faux : je les défie d'en donner la moindre preuve. »

Néanmoins, ces explications ne suffirent pas. Le consistoire de Rotterdam invita l'auteur à corriger son article des *Manichéens*. Celui-ci promit de supprimer dans la seconde édition tout ce qui semblerait hétérodoxe ; il s'engageait en outre à méditer de nouveau sur l'hérésie de Manès, et à chercher des réponses, ajoutant malignement que, *si les ministres du consistoire lui en voulaient fournir*, il leur donnerait la meilleure forme qu'il lui serait possible (2).

---

(1) Réf. sur un imprimé qui a pour titre : « Jugement du public, et particulièrement de l'abbé Renaudot, sur le Dict. de M. Bayle.

Le Dictionnaire fut interdit en France dès son apparition. L'abbé Renaudot, chargé par le grand chancelier d'examiner cet ouvrage, le signala comme très dangereux dans un mémoire que Jurieu fit imprimer, en y ajoutant ses propres réflexions. S.-Evremond prit la défense de Bayle, et écrivit une réponse ironique à l'abbé Renaudot.

(2) Lett. de l'aut. du Dict. à M. le D. E. M. S. au sujet des pro-

Les anciens amis de Bayle, les mêmes qui avaient applaudi à l'apparition du commentaire philosophique, s'effrayèrent de cet abîme infranchissable qu'il voulait creuser entre la philosophie et la religion. — Leibnitz lui-même crut devoir intervenir, pour atténuer l'effet de ces objections, qui obtinrent, un moment, un immense retentissement en Angleterre et en Allemagne. La princesse de Prusse lui avait écrit à ce sujet. Afin de donner à sa réponse plus de portée et plus d'éclat, il résolut de la publier en français. Ainsi, c'est aux doutes de Bayle et à leur succès d'un jour que nous devons la composition d'un des plus beaux ouvrages qui soient sortis de la plume de Leibnitz, *la Théodicée* (1). On serait tenté de s'écrier, en parodiant un mot célèbre : *Felix culpa quæ talem redemptorem meruerit!*

La main de Jurieu, l'infatigable ennemi de Bayle, se retrouve derrière toutes ces attaques. Il dénonce à l'abbé Renaudot les endroits suspects du Dictionnaire ; il pousse en avant MM. Bernard, Leclerc et Jaquelot ; il publie son libelle du *Philosophe de Rotterdam accusé, atteint et convaincu*. Bayle fait face de tous côtés, mène de front l'impression de son *Dictionnaire*, la suite de ses *Pensées sur les comètes* et ses *Réponses aux questions*

---

cédures du consistoire de l'Eglise wallonne d'Amsterdam contre son ouvrage, 7 juillet 1698.

(1) Bierlingius le félicite en ces termes d'avoir entrepris cette réfutation : « Dignus erat, vir illustris, te vindice nodus ; dignus, quem susciperes, labor. *Etsi enim forte mens haud mala fuerit Baylio talia scribenti*, plurimos tamen corrumpere poterat viri acumen et eloquentia, plurimis nocere venenum specioso verborum apparatu.» (Leibn., op., t. 5, p. 380.)

d'un Provincial, courant d'un ouvrage à l'autre avec une activité infatigable, faisant pleuvoir chaque matin sur ses adversaires une grêle de traits, de railleries, de sophismes et de bonnes raisons. Nouvel Horatius Coclès, il tient en échec toute une armée.

Cette controverse absorba les dernières années de sa vie. Il mourut sur la brèche la plume à la main, occupé à rédiger contre M. Jaquelot une réponse, qu'il n'eut pas le temps d'achever (1). Il écrivait à milord Shaftsbury, un mois avant sa fin (29 août 1706) : « Comme mon mal est une affection de poitrine, rien ne m'incommode autant que de parler, et c'est pourquoi je ne reçois pas ni ne fais aucune visite; mais *je m'amuse* à réfuter M. Leclerc et M. Jaquelot, que je trouve perpétuellement coupables de mauvaise foi. M. Jurieu s'est mis de la partie. » Sa mort même n'arrêta pas les hostilités. Jaquelot et Leclerc publièrent chacun une réponse l'année suivante, comme si leur adversaire eût été encore là pour riposter. « La mort de M. Bayle, dit Leclerc (2), aurait pu mettre fin aux démêlés que nous avons eus ensemble, s'il n'avait rien paru de lui depuis que Dieu l'a retiré de cette vie, pour lui faire rendre compte de la manière dont il l'employait. » En voyant l'acharnement avec lequel les protestants poursuivirent les derniers ouvrages de Bayle, il est facile de comprendre qu'ils se trouvaient plus intéressés que les catholiques eux-

---

(1) La réponse à M. Leclerc était déjà imprimée. Elles parurent toutes les deux en 1707, sous le titre d'*Entretiens de Maxime et de Thémiste*.

(2) Bibliothèque choisie, t. 12, art. 1er.

mêmes dans la question (1). Issu du libre examen, le protestantisme ne pouvait répudier complétement son principe sans abdiquer. Bayle, en n'admettant aucun intermédiaire entre l'obéissance aveugle et la discussion sans bornes, semblait ne reconnaître d'autre issue possible que le catholicisme le plus timoré, le plus étroit, ou le pyrrhonisme absolu. Leibnitz, gardant toujours son admirable sang-froid et son amour de l'équilibre en toutes choses, regrettait vivement le temps et l'esprit perdus dans ces disputes. Confident des deux partis, il essaya de faire entendre la voix de la modération : « M. Jaquelot me mande qu'il a achevé sa réponse à M. Bayle ; je vois que cet *excellent homme* est aux prises maintenant avec MM. Leclerc et Bernard ; je voudrais qu'on se modérât de part et d'autre, et qu'on finît la querelle au plus tôt (2). »

Ce vœu d'un honnête homme ne fut point entendu. La guerre allumée entre la philosophie et la religion devait s'envenimer encore, et, après avoir compromis la démonstration des dogmes, entraîner dans une ruine inévitable une partie des dogmes eux-mêmes. Encore une fois, telle n'était pas l'intention de Bayle : il ne se proposait qu'une chose, désarmer le dogmatisme des théologiens qui prétendaient tyranniser la raison, en la faisant passer sous le joug de leurs arguments ; il ne voulait pas détruire, mais ébranler ; dégarnir la place, sans y mettre le feu, et arracher ainsi,

---

(1) V. Actes du consist. de Rotterdam à propos des articles Nicole et Pélisson.

(2) Leibnitz, op., t. 6, p. 273.

par l'aveu mutuel de leur faiblesse, un acte de tolérance aux deux partis (1). « Je crois, dirait l'un, posséder la vérité, parceque j'en ai le goût et le sentiment ; et moi aussi, dirait l'autre. Je ne prétends point, dirait l'un, vous convaincre par des raisons évidentes, je sais que vous pourrez éluder toutes mes preuves ; ni moi non plus, dirait l'autre.... Ma conscience est convaincue, dirait l'un, elle goûte mille consolations, encore que mon entendement ne voie point clair dans ces matières ; et la mienne aussi, dirait celui-là...... Convenons donc les uns et les autres de ne nous point inquiéter, et contentons-nous de prier les uns pour les autres (2). »

____

(1) V. Dict., art. Synergystes.
(2) V. *Id.*, art. Nicole.

CHAPITRE V.

SCEPTICISME PHILOSOPHIQUE.

Faiblesse de la raison. — Nature de l'âme. — Union des deux substances. — Aristote. — Descartes, Leibnitz, Cudworth. — Question de la liberté. — Loi morale. — *Scepticisme politique.* — Philosophie de Bayle.

Au début du Commentaire philosophique, nous avons vu Bayle détrôner la théologie pour mettre à sa place la philosophie, son humble servante durant des siècles ; nous l'avons entendu proclamer ce principe, qu'à l'exception des mystères, toute vérité, pour être solide, doit avoir *été enregistrée et homologuée au parlement de la raison.* Rien de plus net, de plus positif : il semble qu'il y ait là tout l'orgueil d'un philosophe entêté de ses priviléges; et pourtant, il n'en est rien. Rappelons-nous ce mot d'Alcibiade aux Lacédémoniens (1) : « *Je connais assez la démocratie pour vous en dire beaucoup de mal.* » Bayle ne traite guère mieux la philosophie. Telle est sa passion de contredire, qu'il se bat volontiers lui-même avec ses propres armes. Habile à voir les choses sous plusieurs faces, à les saisir surtout par leur mauvais côté, il ne saurait être dupe même d'un enthou-

____

(1) Δημοκρατίαν γε καὶ ἐγιγνώσκομεν οἱ φρονοῦντές τι, καὶ αὐτὸς οὐδενός ἂν χείρον, ὅσῳ καὶ λοιδορήσαιμι. (Thucyd., liv. 6, ch. 89.)

siasme passager. Cet infatigable questionneur , ce critique impitoyable, est le premier à signaler les dangers
de l'esprit philosophique : (1) « On peut comparer la
philosophie à ces poudres corrosives qui , après avoir
consumé les chairs baveuses d'une plaie , rongeraient
la chair vive , carieraient les os et perceraient jusqu'à
la moelle. » Ce dialecticien subtil qui semble n'avoir
vécu que pour disputer, proclame bien haut l'impuissance et la stérilité de la dialectique : (2) « Rien n'est
plus propre à brouiller et à obscurcir les matières , et à
jeter des doutes dans l'esprit des auditeurs et des lecteurs, que l'application aux subtilités et aux quintessences
de la controverse , qui dégénèrent presque toujours en
chicanes , en opiniàtreté , en mauvaise foi et en vanité
de sophistes. » Ce contradicteur éternel s'écrie du ton
le plus édifiant : (3) « Oh! que c'est un mauvais caractère que l'esprit de contradiction ! Il fait remuer les
bornes les plus sacrées. »

Ses idées philosophiques avaient subi les mêmes vi-
cissitudes que ses convictions religieuses. Aussi n'est-il
guère plus embarrassé des unes que des autres. D'abord
il tient pour la philosophie de ses cahiers; il est un des
champions les plus fermes de l'École; il vient à Genève,
se lie avec M. Chouet, fervent cartésien ; et là, comme
chez les jésuites de Toulouse , après deux ou trois conversations, il est conquis, passe dans le camp opposé, et
devient admirateur passionné de Descartes. Plus tard ,
sur le point de se rendre en Hollande , on lui objecte que

(1) Dict., art. Acosta.
(2) Dict., art. Euclide.
(3) Dict., art. Castelvetro.

ses opinions philosophiques pourront lui nuire. « Qu'on
ne s'en inquiète pas, s'écrie-t-il ; le cartésianisme ne
saurait être une difficulté. » Il le considère, il est vrai,
comme une hypothèse ingénieuse pour expliquer certains effets de la nature ; mais ce n'est, après tout, qu'un
amusement d'esprit, qu'on prend ou qu'on laisse à son gré.

Avec une insouciance et une mobilité d'opinion si
complaisante, il est difficile d'avoir un système bien
arrêté : aussi Bayle n'en a-t-il point. Nous n'avons pas
cru devoir étudier comme tel le *Systema philosophiæ*,
dont M. Damiron a donné une excellente analyse (1).
C'est là un ouvrage officiel, destiné à l'enseignement.
L'auteur n'a pu s'y abandonner à ces indiscrétions et à
ces contradictions perpétuelles qui sont le côté vraiment
original de son génie. Parlant du haut de la chaire et
s'adressant à des jeunes gens, le dogmatisme, si incomplet qu'il fût, était pour lui un devoir de conscience et
de profession. Néanmoins, même dans cet ouvrage, dont
presque toutes les solutions sont cartésiennes, il est facile de saisir çà et là mainte trace de doute, mainte
objection restée sans réponse, où perce le génie critique du maître, et son goût décidé pour l'abstention.

---

(1) Cette œuvre n'a aucune espèce d'originalité. En général,
Bayle se contente de reproduire les arguments et les objections des
philosophes antérieurs avec un éclectisme timide, et sans donner
jamais de conclusion rigoureuse : « Nous ne sortirons point du chemin battu, et nous diviserons notre système philosophiqu », comme
on fait d'ordinaire, en logique, morale, physique et métaphysique,
quoique d'ailleurs nous n'approuvions pas que dans une même partie de la philosophie, savoir dans la métaphysique, on traite de
l'Être en général et d'une espèce d'Être en particulier, l'Être spirituel.» Cette dernière critique de Bayle nous semble, du reste, parfaitement juste.

La loi suprême de la philosophie, c'est l'évidence.
L'important est donc de trouver un critérium auquel
l'homme puisse s'arrêter. Le demanderons-nous à la
raison individuelle, comme le veut Descartes? Il semble
que toutes les sympathies de Bayle soient de ce côté.
Mais la raison est à chaque moment enveloppée d'obscurités; « comme une autre Pénélope, elle détruit elle-
même son propre ouvrage :

Diruit, ædificat, mutat quadrata rotundis. »

Les choses lui apparaissent sous une face multiple :
l'erreur prend les livrées de la vérité. Pour bâtir sur
une base solide, il faudrait qu'elle pût trouver un premier principe. Où ira-t-elle le chercher? Le célèbre
axiome : *Cogito, ergo sum*, est-il bien lui-même un premier principe? On peut répondre oui et non en même
temps. « Non, car on peut le prouver par cet autre principe (1) : Le néant n'a point d'antécédent, ou l'agir suit
l'Etre. Oui, car il n'y a pas de sceptique qui, en disant :
Je doute, ne soit forcé d'avouer qu'il pense, et par suite
qu'il existe.» Croirons-nous, avec les épicuriens, au témoignage des sens? Mais ils nous trompent continuellement. Chercherons-nous ce critérium dans le consentement universel des peuples? Mais la généralité et
l'antiquité d'une opinion ne prouvent rien en sa faveur.
L'homme est naturellement paresseux : il croit volontiers
ce qu'on a cru avant lui, ce qui le dispense de chercher autre chose (2). D'ailleurs, Bayle a pour l'opinion

______

(1) Syst. philos.

(2) « En pareil cas, dit Malebranche, la compagnie divertit et
console.» (Préf. de la Rech. de la vérité.)

de la multitude un peu de ce dédain qu'affectait Socrate.
Enfin, s'en rapportera-t-on à l'autorité des grands philosophes du passé ? Jurera-t-on par Aristote, Platon
ou Descartes ? *Le maître l'a dit*, c'était là le principe de
la Scholastique. Bayle, qui repousse l'infaillibilité des
conciles et des Pères de l'Église, ne reconnaît pas davantage celle des écoles et des docteurs. Tous ces grands
génies sont à ses yeux des inventeurs de conjectures plus
ou moins heureuses pour conduire l'homme sur la route
de la vérité, sans l'atteindre jamais. La probabilité est
le seul terme auquel nous puissions arriver. Quoi qu'on
fasse, l'erreur a toujours une part nécessaire dans nos
jugements. Faut-il s'en plaindre ou s'en étonner ? Nulle-
ment. Les préjugés, les passions, sont autant de maux
indispensables au salut de la société : (1) « En général,
il est vrai de dire que le monde ne se conserve dans
l'état où nous le voyons qu'à cause que les hommes sont
remplis de mille faux préjugés et de mille passions dé-
raisonnables ; et si la philosophie venait à bout de faire
agir tous les hommes selon les idées claires et nettes de
la raison, on peut être très assuré que le genre humain
périrait (2). »

Bayle conteste de prime abord à la philosophie sa
puissance et son utilité. Ne croyez pas cependant qu'il y
renonce : c'est un champ trop vaste en contradictions
pour l'abandonner ainsi. On peut s'y promener du soir
au matin, questionner les passants, et recommencer le
lendemain, sans être plus avancé que la veille. C'est là

______

(1) Nouv. lett. crit. sur l'hist. gén. du Calv., lett. 16.
(2) « Rien ne résiste au raisonnement, et la société moins que tout
le reste. » (Lamennais, Essai sur l'indifférence.)

surtout que le scepticisme a beau jeu pour confondre l'orgueil du dogmatisme. Aussi tous ces problèmes, autour
desquels est venu échouer l'esprit des sages, vont-ils être
agités, tourmentés par lui. Il prend plaisir à renouveler ces
grandes défaites de la raison humaine. Esprit moqueur
et vagabond, nous le verrons passer d'une école à l'autre, en rassemblant les objections qu'il rencontre sur son
chemin. Il nie la Providence avec Epicure, le mouvement avec Zénon, la liberté avec Spinosa ; il doute de
tout avec Carnéade, élève et renverse tour à tour chaque doctrine, comme un château de cartes, dont il s'a-
muse un instant. Parmi ces jeux d'esprit se mêlent des
réflexions morales sur la vanité des conceptions humaines, sur la faiblesse de la raison, sur la bonté de la
Providence. Bayle n'est jamais plus religieux que lorsqu'il parle philosophie ; il n'est jamais plus philosophe
que lorsqu'il traite de la religion. « (1) Il semble que Dieu
agisse en Père commun de toutes les sectes, c'est-à-dire
qu'il ne veuille point souffrir qu'une secte puisse plei-
nement triompher des autres et les abîmer sans ressource. »

La conclusion d'un pareil aveu, c'est que chaque secte
a tour à tour raison, et tort : raison lorsqu'elle attaque ;
tort, lorsqu'elle se défend. Le parti le plus sage est de les
consulter toutes, sans s'attacher à aucune, de garder
autant que possible l'offensive, et de ne se prononcer
jamais. Le scepticisme n'est donc pas chez lui un résultat de la fatigue ou du découragement, mais un parti
pris d'avance, un plan de campagne qu'il s'est tracé

____

(1) Dict. hist. et crit., art. Rorarius.

comme le plus sûr et le plus commode pour voyager librement à travers les sectes, sans être arrêté à chaque instant « par ces objections *ad hominem*, qui font quelquefois tant de peine ». Chevalier errant de la philosophie, il rompt des lances contre tous venants ; il s'arrête un moment sur la porte de toutes les écoles, s'entretient avec les maîtres, et se moque d'eux après avoir emporté le secret de leurs doctrines. Parfois aussi, il s'amuse à les mettre aux prises, et s'institue juge du combat ; il prend un malin plaisir à pousser Épicure contre Platon, Aristote contre Descartes ; feint de rester neutre tout en faisant passer des armes à l'un et souvent à chacun des deux partis, et balance de telle sorte les avantages, les parades et les ripostes, que toute conclusion devient impossible. Dans une lettre écrite en 1673, à un âge où l'homme se porte d'ordinaire avec toute l'ardeur et la présomption de la jeunesse vers la recherche de la Vérité, il riait de cette *belle inconnue*; il avouait à M. Minutoli son intention bien arrêtée de disputer et de douter de tout. Pour justifier ce pyrrhonisme prémédité, il citait des autorités imposantes: Montaigne, son maître et, avec Plutarque, l'auteur chéri de sa jeunesse, La Mothe le Vayer, Gassendi ; il rappelait Phérécydes écrivant à son disciple Thalès : « J'ouvre les choses plus que je ne les découvre »; Socrate répondant à toutes les questions : « Je ne sais qu'une chose, c'est que je ne sais rien »; Démocrite plaçant la Vérité au fond d'un puits ; Cicéron avouant qu'il doute le plus souvent et se contredit : «*Dicendum est, sed ita ut nihil affirmem, quærens omnia, dubitans plerumque et mihi ipse dissidens* (1). » Le grand saint Augustin lui-même est un peu touché de la *maladie académique*. Bayle se félicite d'être malade en si glorieuse compagnie. Il cherchera donc la vérité, non pour se guérir, mais pour s'amuser, comme le chimiste qui chercherait la pierre philosophale pour le seul plaisir de faire des expériences.

Une pareille philosophie manquera nécessairement de profondeur et d'élévation. Elle n'a confiance ni dans son principe, la raison; ni dans sa fin, la vérité. Elle portera partout un ton de légèreté et d'incrédulité railleuse, une subtilité taquine, un bon sens étroit, qui amoindrit les plus grandes questions; elle ne sera puissante que pour analyser, critiquer, détruire. En effet, l'œuvre de Bayle est d'épuiser tous les systèmes, de leur faire rendre tout ce qu'ils contiennent, et parfois même ce qu'ils ne contiennent pas, sous l'étreinte pressante de sa dialectique (2). En même temps qu'il ressuscite pour un moment l'hérésie des manichéens, qu'il rajeunit les objections d'Epicure et de Zénon, qu'il fait ressortir les contradictions de Platon et d'Aristote, qu'il rassemble contre le dogmatisme du passé tous les doutes et tous les sophismes répandus dans les écoles depuis Chrysippe jusqu'à Gassendi, son scepticisme arrête et discute au passage les principales hypothèses de la philosophie contemporaine, les automates de Descartes, l'harmonie préétablie de Leibnitz, le médiateur plastique de Cudworth, le

---

(1) Cic., De div., lib. 2, cap. 3.

(2) « Jamais académicien, sans excepter Carnéade, n'aura mieux fait sentir les difficultés.» (Leibn., Rép. à l'art. Rorarius.)

panthéisme de Spinosa. Avec ce sens critique désespérant, qui saisit au premier coup d'œil les faiblesses, les
exagérations et les dangers réels ou imaginaires d'une
doctrine, il fait apparaître tour à tour les fantômes du
matérialisme, de l'athéisme et de la fatalité, comme s'il
voulait effrayer la raison de son propre ouvrage, et
montrer que les plus hautes conceptions du génie abou-
tissent toutes à un terme fatal : l'incertitude ou la contradiction. Nous essaierons de suivre et de rattacher
entre elles, en insistant seulement sur les points principaux, cette longue série de réfutations interrompues,
reprises et disséminées çà et là dans ces énormes volumes in-folio.

Entre tous les problèmes sur lesquels s'exerce l'activité de l'esprit humain, il en est un certain nombre qui
intéressent à la fois les théologiens et les philosophes.
C'est de ce côté que Bayle a tout d'abord porté la guerre.
Il a établi, comme nous l'avons dit précédemment, l'impuissance absolue de la raison à rien démontrer dans le
domaine de la foi ; mais, en dehors de ce monde supérieur et surnaturel, dans les régions des vérités purement humaines, où elle semble avoir le droit d'exercer plus librement son contrôle, peut-elle se flatter de
construire un édifice solide, à l'abri des atteintes du
scepticisme ? — La question de la certitude des connaissances est la première qui doive préoccuper un philosophe, puisque l'existence même de la philosophie en
dépend. Bayle la résout négativement. Toutes les parties
de la science, même les plus sereines, sont enveloppées
de nuages : la métaphysique est pleine de galimatias,
la physique d'erreurs, la logique de tromperies, la mo-

rale de contradictions; les mathématiques, si fières de leur certitude, ne sont fondées en grande partie que sur des chimères : « Elles supposent qu'il y a réellement, hors de notre esprit, des superficies sans profondeur, des lignes sans largeur et des points sans dimension (1). » L'objection n'était pas neuve ; elle avait couru toutes les écoles de l'antiquité depuis Zénon : Cicéron l'avait reproduite dans ses Académiques ; enfin, un demi-siècle avant la publication du Dictionnaire, le chevalier de Méré, dans une lettre célèbre adressée à Pascal, avait attaqué avec plus d'esprit que de force la certitude des démonstrations géométriques (2). Bayle, toujours prêt à saisir au vol le moindre doute, reprit assez étourdiment ces objections sans les approfondir. Lui-même avoue que, pour être en état d'attaquer sérieusement, il faudrait avoir creusé ces matières (3). Or, il n'avait guère eu le temps ni la patience de creuser quoi que ce fût, et les mathématiques moins que tout le reste : il s'était arrêté aux premiers livres de la géométrie; mais, pour un esprit vif et délié comme le sien, l'offensive était facile : le peu qu'il avait appris lui suffisait pour

---

(1) Lett. à M. des Maizeaux, 1705. — Dict., art. Zénon.

(2) « J'ai presque ri des airs que M. le chevalier de Méré s'est donnés dans sa lettre à M. Pascal... Il semble qu'il se moque un peu comme les gens du monde qui ont beaucoup d'esprit et un savoir médiocre : ils voudraient nous persuader que ce qu'ils n'entendent point est peu de chose. Il aurait fallu l'envoyer à l'école chez M. Roberval. » (Leibnitz, Rép. à l'art. Rorarius.)

(3) « M. des Billettes me raconta comment le chevalier de Méré avait donné occasion aux mathématiciens de méditer sur le hasard, *De alea.* Cela me donna occasion de déchiffrer quelque chose dans les œuvres posthumes de M. de Méré, où il écrit à M. Pascal *ce que M. Bayle n'avait point entendu.* » (Leibnitz, Nouv. litt., juin **1705**.)

douter de tout et tenir en échec des hommes beaucoup
plus profonds que lui. Il eut un moment le plaisir d'arrêter un des plus grands mathématiciens du XVIIe siècle,
le rival de Newton, Leibnitz. « M. Leibnitz, écrivait-il
à M. Desmaizeaux, ayant lu dans la seconde édition de
mon Dictionnaire ce que je dis sur cela, m'écrivit une
lettre (1) où il tâchait d'accorder l'étendue actuelle de
la matière avec les idées mathématiques ; mais je sentais
bien, en lisant sa lettre, qu'il s'y trouvait embarrassé. »
Bayle garda donc ses doutes, tout en félicitant son adversaire des louables efforts qu'il avait faits pour dé-
brouiller un sujet si épineux.

La science exacte par excellence a échoué sur le
problème de la certitude : la géométrie ne nous montre
que *de beaux et brillants fantômes*, dont notre imagination se repaît, mais qui ne satisfont point la raison. Si,
descendant encore un degré de l'échelle pour nous
rapprocher de la terre, nous passons des conceptions
abstraites et idéales de l'esprit à la contemplation des
réalités extérieures, nous entrons dans de nouvelles
ténèbres. Les notions de substance, de corps, d'âme,
d'étendue, de mouvement, sont autant de points de controverse inextricables (2). Qu'est-ce qu'une substance ?
comment peut-on la distinguer de ses qualités ? quelle
différence certaine établir entre les principes constitutifs
d'un être et ses modifications ? La matière existe-t-elle ?
qui nous le prouve ? Nos sens, disent les épicuriens.
Mais nos sens nous représentent les couleurs, les saveurs,

---

(1) La réponse de Leibnitz fut insérée dans le journal de Basnage.
(2) Dict., art. Zénon. — *Ibid.*, art. Pyrrhon. — V. la fameuse dispute de l'abbé pyrrhonien.

les odeurs, comme autant de réalités ; notre raison, mieux informée, nous apprend que ce sont là des apparences et de simples relations. Les cartésiens croient avoir résolu la difficulté en établissant que l'essence des corps réside tout entière dans l'étendue. Mais qu'est-ce que cette étendue ? Ne serait-ce pas encore une apparence comme les couleurs ? « (1) Un cartésien n'a pas plus de peine à suspendre son jugement sur l'existence de l'étendue, qu'un paysan à s'empêcher d'affirmer que le soleil luit, que la neige est blanche, etc. » Une autre preuve souvent invoquée est celle qu'on tire du mouvement. Mais le mouvement est-il plus réel que l'étendue ? Notre raison peut-elle le définir ou l'expliquer ? Ici reparaissent les objections traditionnelles conservées dans les écoles, le fameux argument d'*Achille et de la tortue* ; l'exemple de la flèche « *qui doit se trouver à chaque moment dans un espace qui lui est égal, et par conséquent rester en repos, car on n'est point dans un espace d'où l'on sort.* » Toute cette partie de la sophistique ancienne, si subtile et si embrouillée, est rajeunie avec une extrême habileté. Bayle découvre à chaque pas de nouvelles difficultés, auxquelles Zénon et Carnéade n'avaient point songé ; il rejette comme un sophisme ridicule la réponse de Diogène : « Je marche ! », attaque la preuve tirée de la divisibilité infinie, passe en revue les définitions du mouvement données par Aristote, Descartes, Régis, Rohault, et les trouve toutes absurdes, contradictoires ou incomplètes.

Dès qu'il s'égare sur cette question, l'esprit ne trouve

___

(1) Dict. hist. et crit., art. Pyrrhon.

d'autre issue que l'hypothèse de Zénon, le système de l'acatalepsie ou de l'incompréhensibilité universelle. Mais qu'on ne s'effraie pas de ces conséquences ; Bayle a pour les âmes timorées des autorités imposantes : le disciple de Zénon est ou prétend être un parfait ortho- doxe. N'enseigne-t-on pas dans un grand nombre d'écoles théologiques, en Italie, que la révélation seule peut établir d'une manière certaine l'existence des corps (1)? Le père Malebranche n'est-il pas allé chercher un cri- térium hors de ce monde, en affirmant que, pour assurer positivement l'existence des corps, il est nécessaire de connaître que Dieu nous en donne le sentiment, et de savoir qu'étant infiniment parfait, il ne peut nous trom- per. La route est un peu longue, il est vrai ; mais c'est le seul biais que la raison ait trouvé pour tourner la difficulté ; encore ne la résout-il que très imparfaite- ment.

De quelque côté que l'homme porte ses regards, qu'il essaie de remonter vers Dieu, ou qu'il contemple le monde au milieu duquel il est jeté, partout il est réduit à répéter cet éternel *Que sais-je?* qui semble le dernier mot de la sagesse ici-bas. Hors de lui tout est mystère. Se connaît-il mieux lui-même? Peut-il se flatter de dé- mêler, à la lueur vacillante de sa conscience et de sa rai- son, le secret de son être? — L'observation lui révèle en lui deux ordres de phénomènes, les uns physiques, les autres moraux, qu'il rapporte à deux substances parfaitement distinctes : le corps et l'âme. Mais quelle est la nature de ces deux substances? Quelles différen-

----

(1) *Ibid.*

ces spécifiques les séparent? Comment se trouvent-elles associées l'une à l'autre? Nouveaux problèmes, sur lesquels la raison est ramenée sans cesse, et dont elle ne peut triompher.

Nous avons déjà vu les difficultés que soulève l'existence de la matière. La nature de l'âme est-elle plus compréhensible? Les scolastiques l'appellent une substance indivisible, immatérielle, immortelle; mais on ne définit point les choses en disant ce qu'elles ne sont pas. Si vous me répondez qu'un rat n'est point un éléphant, vous ne m'apprenez pas ce que c'est qu'un rat. Toutes les preuves données dans les écoles et les académies sur la spiritualité et l'immortalité de l'âme ne mènent à aucun résultat décisif. Pomponace a donc eu raison, selon Bayle, d'attaquer les arguments, sur lesquels les théologiens de son temps fondaient le dogme de l'immortalité. Ceux-ci furent *des impertinents et des sots* de le condamner, puisqu'il admettait ce dogme comme très certain, et n'en attaquait que la démonstration. Bayle ne manque jamais d'insister sur ce point en philosophie comme en théologie : il tient à établir qu'on peut impunément révoquer en doute les preuves d'une vérité, sans porter atteinte à cette vérité même. On la respecte, on la glorifie; seulement on lui enlève cet échafaudage d'arguments, de *distinguo* et d'hypothèses, sur lequel la raison prétendait l'asseoir. A ses yeux, le scepticisme ainsi compris n'engage en rien la conscience : il reste purement extérieur. C'est une arme, un procédé de controverse, plutôt qu'une opinion (1).

____

(1) Dict. hist. et crit., art. Pomponace.

Malgré son désir bien arrêté de contester toute espèce de preuves, il avoue cependant que Descartes a réussi là où Platon, Aristote et ses disciples, avaient échoué. En faisant consister l'essence de l'âme dans la pensée comme celle des corps dans l'étendue, en établissant que tout ce qui pense est distinct de la matière, il a tiré de cette définition un argument solide en faveur de la spiritualité et de l'immortalité de notre âme; il a séparé nettement les deux substances par un abîme infranchissable, que Bayle prend plaisir à creuser, comme pour empêcher la raison de jeter un pont d'une rive à l'autre, quand il s'agira d'expliquer l'union de l'âme avec le corps. La preuve cartésienne est donc excellente : ses partisans feront bien de la développer, de la soutenir jusqu'au bout contre leurs adversaires; puis, après avoir tiré parti de leurs avantages, après avoir bien réfuté, bien objecté, bien prouvé, la conduite la plus sage pour eux, comme pour les autres, sera de revenir à la foi, *de s'en tenir à cette ancre ferme et sûre de l'âme*: car, avec un peu de malice et d'entêtement, on pourrait les forcer dans leurs derniers retranchements. Des esprits pointilleux leur objecteraient « que les substances distinctes des corps sont peut-être de nature à pouvoir garder leur existence sans avoir aucune pensée; qu'ainsi la spiritualité n'est pas une preuve nécessaire de l'immortalité; que, si la vie de l'âme consiste dans la pensée, la cessation totale de la pensée serait une vraie mort de l'âme; que l'âme pourrait donc mourir sans cesser d'être une substance spirituelle, comme les chiens meurent sans cesser d'être une substance corporelle. » Pour peu qu'on le pressât, il est facile de voir que Bayle passerait bien vite de la louange à la critique : cette preuve, qui lui paraissait tout à l'heure le chef-d'œuvre de la raison humaine, fond comme un morceau de glace entre ses mains. Heureusement il l'abandonne pour courir à de nouvelles objections.

Par une condition fatale imposée à notre raison, nous n'avons pas plus tôt établi une vérité, qu'elle devient elle-même une source d'erreur et d'incertitude. Si la définition de l'âme, telle que l'a donnée Descartes, est juste, si la matière est incapable de penser, et par suite d'agir et de sentir, il faut admettre que tout ce qui sent, pense et agit, est doué d'un principe spirituel. Dès lors, il faut accorder une âme aux bêtes. La difficulté était sérieuse : elle intéressait à la fois la justice de Dieu et la dignité de l'homme ; elle fournissait aux matéria-listes des arguments redoutables contre la spiritualité et l'immortalité de l'âme. Enfin, ce qui ajoutait encore à l'embarras, l'hypothèse, c'est-à-dire le champ illimité du paradoxe, était la seule voie ouverte à la raison ; la probabilité, le seul terme auquel elle pût aboutir. Bayle ne pouvait manquer de se lancer sur ce terrain mou-vant, où il lui était si facile de mettre en déroute toutes les sectes. « Les opinions extrêmes sur ce sujet sont absurdes ou très dangereuses ; le milieu qu'on y veut garder est insoutenable (1). » Aussi le voyons-nous aborder la discussion avec un luxe inouï de citations, d'arguments, de réfutations, de contradictions. Après avoir demandé pardon au lecteur de vider ainsi devant lui le *réservoir* de toutes les sectes, il rappelle les opi-

(1) Dict., art. Pereira.

nions émises sur les bêtes depuis Salomon jusqu'à Leibnitz, oppose et mêle tour à tour les témoignages de la
théologie et de la médecine, de la jurisprudence et de
l'histoire naturelle, de la métaphysique et de la poésie,
Virgile et saint Thomas, Justinien et Grotius, Averroès
et Pline l'ancien, Celse et saint Bernard, le rabbin Maï-
monides et le bénédictin dom Lami (1). Ces mille voix
contradictoires, qui partent de tous les siècles ne sont
pas faites, on le conçoit, pour éclaircir la question. Bayle
demeure fidèle à son rôle de Jupiter Assemble-nues ; il
commence par étourdir l'esprit sous cet amas de citations, du reste assez amusantes, puis le précipite tout
chancelant et tout dérouté à travers les fils inextricables
de la discussion. Parmi les hypothèses inventées pour
arriver à la solution de ce problème, il en distingue
trois principales : les automates de Descartes, l'âme sensitive de l'École, et l'harmonie préétablie de Leibnitz.

Aux yeux de la raison pure, l'hypothèse de Descartes est la plus simple (2), la plus logique et la plus or-

---

(1) V. le Dict., art. Pereira et Rorarius.

(2) Le système des automates avait été déjà soutenu au XVIᵉ siècle par un médecin espagnol nommé Gomesius Pereira. La Fontaine, qui trouvait et qui donnait tant d'esprit aux bêtes, disait à ce
sujet qu'une pareille chimère avait dû prendre naissance dans le
pays des châteaux en Espagne. L'idée des animaux-machines n'a-
vait été d'abord qu'un hardi paradoxe bien vite oublié : Descartes
en fit un système. Ses adversaires lui reprochèrent d'avoir puisé sa
doctrine dans le livre de Pereira; mais il est permis d'affirmer qu'il ne
le connaissait pas. D'ailleurs, comme l'a remarqué Bayle, Pereira
n'ayant pas tiré son paradoxe des véritables principes, et n'en ayant
point pénétré les conséquences, il ne peut empêcher que Descartes
ne l'ait trouvé le premier par une méthode philosophique. Tout en
rendant justice à Descartes comme inventeur de l'hypothèse, Bayle,
trompé par de faux bruits, avait affirmé assez légèrement, dans ses

thodoxe : elle sauve à la fois la dignité de l'homme et la bonté de Dieu ; elle maintient les distinctions essentielles entre la matière et l'esprit. Dès qu'on l'abandonne, on s'expose aux plus grands dangers ; on se trouve obligé ou de reconnaître que la matière peut penser, ce qui est absurde, ou d'attribuer une âme aux bêtes, ce qui est impie. Par là, on ruine le plus solide fondement de notre immortalité ; on tend la main aux athées, qui affectent de rapprocher les animaux de la perfection de l'homme ; on fait injure à Dieu, en supposant qu'il a pu créer des âmes capables de connaissance et d'amour, sans les obliger à le connaître et à l'aimer. Tant que nous restons dans le domaine de l'abstraction et de la théorie, ce système est inébranlable : il est construit avec toute la rigueur d'une démonstration géométrique. Aussi Pascal le regarde-t-il comme la plus belle partie de la philosophie cartésienne.

Malheureusement, il croule bien vite dès qu'on descend à l'application. Bayle, qui a longuement développé les raisons favorables à l'hypothèse cartésienne, énumère plus longuement encore les arguments qui la combattent. Il en appelle à notre expérience de chaque jour, à ces exemples de ruse, de précaution,

---

Nouvelles de la république des lettres (1686), qu'elle avait été pour l'auteur des Méditations un expédient, un pis-aller ; qu'après avoir construit son système, comme s'il n'existait dans le monde que des esprits purs et des corps, il n'avait trouvé d'autre issue pour échapper aux objections. Plus tard, les témoignages invincibles de Baillet et la lecture d'une lettre écrite par Descartes au père Mersenne, en 1631, le firent changer d'avis. Il avoua franchement qu'il s'était trompé, et reconnut que l'hypothèse des automates était de quinze ou seize ans antérieure aux Méditations et à la Méthode.

de mémoire , d'attachement même, que nous fournissent
les animaux; il cite Virgile, regardant l'âme des abeilles
comme une parcelle de la divinité ; Pline, mettant la religion parmi les vertus morales de l'éléphant ; Celse,
attribuant aux bêtes une forme de gouvernement, l'observation de la justice et une certaine connaissance de
la magie ; le rabbin Maimonides, leur accordant une
sorte de libre arbitre , ce qui faisait dire au grave Arnauld qu'il devait exister alors un paradis pour les rats.
En dehors de ces exagérations, les faits les plus simples
ne nous attestent-ils pas chez les bêtes une part d'intelligence et de réflexion? « Un chien, battu pour s'être
jeté sur un plat de viande, n'y touche plus, quand il voit
son maître le menacer du bâton. Il faut nécessairement
que ce chien raisonne ; il faut qu'il compare le présent
avec le passé , et qu'il en tire une conclusion ; il faut
qu'il se souvienne des coups qu'on lui a donnés, et
pourquoi il les a reçus (1). »

Avec de pareils exemples , les philosophes de l'École
triomphent aisément des cartésiens, tant qu'ils gardent
l'offensive ; mais ils se trouvent bientôt embarrassés de
leur victoire, dès qu'on leur demande d'expliquer ces
faits surprenants, à l'aide desquels ils ont ruiné le système de Descartes.

Les bêtes ne sont pas de pures machines, soit! elles
ont une existence propre, individuelle ; elles sentent,
elles désirent, elles se souviennent. Elles ont donc une
âme? Sans doute, reprennent les disciples d'Aristote,
mais une âme d'une espèce particulière, âme inférieure,

______

(1) Dict., art. Rorarius.

capable de sentir, mais dénuée de raison et de liberté. Nous l'appelons âme sensitive. — Le plus grand défaut de cette hypothèse, c'est qu'elle ne résout rien, et nous plonge dans de nouvelles incertitudes   en compromettant encore une fois notre immortalité. Qu'est-ce que cette âme sensitive ? Quels caractères spécifiques la distinguent de celle de l'homme ? Dira-t-on qu'elle est matérielle ? On admet donc que la matière est capable de sentir, d'aimer, de haïr ? Qui nous empêche alors de supposer que l'âme humaine est de même nature, et agit de la même façon ? Est-elle immatérielle ? Mais dès lors elle est immortelle. Il ne reste plus aucune différence spécifique entre l'âme d'une bête et celle d'un homme. On peut croire que son infériorité vient uniquement de l'imperfection des organes auxquels elle est unie. L'âme d'un chien, jetée dans le corps d'Aristote ou de Cicéron, aurait pu composer la *Politique* ou prononcer les *Catilinaires*.

Du moment où l'on accorde aux bêtes une âme immatérielle, si limitée, si imparfaite qu'elle soit, on se trouve donc entraîné aux plus fâcheuses extrémités. Toutes les restrictions imaginables ne suffiront point à la distinguer de l'âme humaine. — Espère-t-on se dérober à ces conséquences en supposant, avec le Père Daniel, que l'âme sensitive est une espèce d'être mitoyen entre la matière et l'esprit ? Mais de deux choses l'une, ou elle est étendue, ou elle ne l'est point : elle ne saurait être l'un et l'autre à la fois. Si elle est étendue, on aurait grand tort de la distinguer de la matière ; si elle ne l'est point, de quel droit la distingue-t-on de l'esprit ? Pourquoi cet être mitoyen qui sent chez l'animal ne serait-il pas le même qui raisonne chez l'homme ?

Le système de Descartes et celui de l'École se réfutent mutuellement, sans rien prouver. L'un, exact en théorie, est démenti par l'expérience; l'autre, fondé sur une juste observation des faits, aboutit à des conséquences absurdes et immorales. Ces deux hypothèses écartées, restait celle de Leibnitz.

Cette fois Bayle trouvait sous sa main une doctrine fraîchement éclose, que la discussion n'avait point encore épuisée. C'était une bonne fortune pour un esprit curieux de nouveautés. De plus, ses critiques ne s'adressaient pas seulement aux disciples, aux héritiers d'une grande école, mais au maître en personne, à un homme de génie patient et modeste, qui savait écouter les objections sans se fâcher, y répondre souvent et en profiter toujours. Les deux adversaires s'abordèrent avec une courtoisie qui n'est pas un des moindres charmes de cette controverse. Malgré leur érudition et leur talent, on ne put leur appliquer ce que Bayle disait malignement, à propos d'une dispute scientifique entre Vossius et le Père Simon : « Quand on sait l'érudition extraordinaire de ces deux messieurs, on peut deviner qu'ils n'ont pas écrit deux fois l'un contre l'autre sans se mettre bien en colère, et sans se dire bien des injures(1) ». Il y eut des répliques de part et d'autre, mais avec des témoignages mutuels d'estime et d'admiration. Ce ne sont plus là les récriminations passionnées, les accusations de mauvaise foi, les dénonciations odieuses

(1) Nouv. de la Rép. des lett., avril 1685, ch. 7.

qui éclatent, à chaque instant, dans la controverse avec MM. Jurieu, Bernard, Leclerc et Jaquelot : c'est une partie loyale engagée entre deux jouteurs habiles, qui s'instruisent l'un l'autre aux parades et aux ripostes. Bayle se félicite des réponses qu'il s'attire, parcequ'elles lui permettent d'entrer plus avant dans la matière et de pousser ses objections. Leibnitz, de son côté, se trouve *heureux et honoré* de ces luttes, où il prend de nouvelles forces, comme le *géant Antée*. Cette discussion occupe une place considérable dans le Dictionnaire et dans le Journal des Savants (ann. 1693 et suiv.).

Mettant à profit les travaux de la science moderne et les découvertes récentes de MM. Hartsoeker et Lewenhoeke, Leibnitz (1) suppose que les animaux sont organisés dans la semence. D'un côté, il admet que l'idée de substance ne peut suffire pour définir un être, si l'on n'y joint l'idée de force ; de l'autre, il établit que l'unité seule constitue la réalité de l'existence, et que cette unité véritable ne peut se trouver dans la matière, puisque tout n'y est que collection ou amas de parties. Il commence donc par rendre aux bêtes l'activité et l'individualité, dont les cartésiens les avaient privées. Tout animal est uni à une forme qui est elle-même un être simple, indivisible, véritablement unique. Cette forme ne quitte jamais son sujet ; elle a été créée dès l'origine du monde : d'où il suit qu'il n'y a réellement ni mort, ni génération dans la nature, mais seulement suspension ou brusque changement d'action, (2) *«tel que*

---

(1) Leibn., op., t. 5, p. 171 ; 6, p. 193 et suiv.
(2) Leibn., op., Lett. à M. de Montmort, t. 5, p. 18.

serait le saut ou la cataracte d'une rivière ». Et ce n'est pas seulement l'âme qui se conserve, mais la machine organique elle-même, bien que la destruction des parties grossières l'ait rendue imperceptible à nos sens. Au lieu de la transmigration des âmes, il n'y a qu'une transformation d'un même animal, selon que les organes sont pliés différemment, ou plus ou moins développés (1). Leibnitz a soin de ranger l'âme humaine dans une classe à part ; il la distingue de ces formes enfoncées dans la matière, et auprès desquelles elle est comme une petite divinité ; elle reste soumise aux lois générales qui gouvernent la société des esprits.

Bayle ne souleva pas d'objection sérieuse contre cette première partie de l'hypothèse leibnitzienne ; il ne songea pas même à inquiéter l'auteur sur cette distinction arbitraire établie entre ces forces ou âmes inférieures et l'âme humaine : il réserva toutes ses objections pour la partie la plus hardie et la plus originale du nouveau système, celle où Leibnitz entreprenait d'expliquer l'union de l'âme avec le corps et l'action réciproque des deux substances.

Descartes avait renoncé à rendre compte de ce mystère. Ses disciples, pour compléter sa doctrine, inventèrent l'hypothèse des causes occasionnelles ou de l'intervention divine produisant tous les mouvements des corps. Malebranche la résuma dans cet axiome célèbre : « *In Deo vivimus, movemur et sumus* ». Les philosophes de l'École admettaient tout simplement l'influence directe d'une substance sur l'autre, sans l'expliquer.

---

(1) Leibn., Journ. des Savants, 1693.

Leibnitz n'avait pu se résoudre à accepter ce *Deus ex machina*, qui transformait en véritables miracles les actes les plus insignifiants de la créature. D'un autre côté, il sentait l'impossibilité de combler cet abîme que la définition cartésienne creusait entre la matière et l'esprit. Comment admettre que deux substances si différentes par leur nature eussent la moindre action l'une sur l'autre ? Il supposa qu'elles étaient organisées pour agir séparément, mais avec une parfaite concordance, comme deux horloges, dont l'aiguille marcherait en même temps. Par cette voie d'harmonie préétablie, le corps sonne à une certaine heure ; l'âme y répond de son côté, en tirant de son propre fonds toutes ses modifications. En même temps, pour la mettre en communication avec le monde extérieur, Leibnitz conçoit l'âme comme un miroir où vient se refléter l'univers par rapport à son corps. Cette machine si savante et si compliquée offrait une ample matière à la discussion.

Bayle commence par donner les plus grands éloges au nouveau système : ses avantages sont considérables ; il ouvre à la philosophie des aperçus inconnus jusque là ; il élève outre mesure la puissance de l'art divin ; en un mot, il est admirable, édifiant, parfait : il ne lui manque qu'une qualité, d'être possible. Il serait supérieur à celui de Descartes, s'il ne contenait des difficultés tout aussi graves.

D'abord, la comparaison de l'âme et du corps avec deux pendules est une hypothèse inexplicable. Comment imaginer, en effet, une harmonie continuelle entre deux substances qui n'agissent point l'une sur l'autre ? Supposons que les valets soient des machines

qui exécutent ponctuellement les ordres de leur maître, encore faudra-t-il une parole, un geste du maître,
pour ébranler les organes des valets. D'ailleurs, peut-
on croire que cette harmonie subsiste sans être jamais
dérangée par des circonstances fortuites ? Le choc
des objets extérieurs, un coup de vent , une tuile qui
tombe, viendront contrarier ou modifier les mouvements
du corps. L'action simultanée des deux substances est
déjà une première impossibilité : leur action séparée
est encore plus difficile à comprendre. « Figurez-vous
un vaisseau qui, sans posséder ni sentiment ni connaissance, aurait la vertu de prendre toujours un vent
favorable, d'éviter les écueils, d'aborder au port, tout
cela par lui-même et de son propre mouvement : à
coup sûr, la nature d'un vaisseau ne vous paraîtra pas
susceptible de recevoir de Dieu cette vertu-là. » Eh
bien ! la machine du corps , selon Leibnitz, est encore
plus surprenante que ce vaisseau. Le corps de César
serait allé au sénat, y aurait prononcé un discours, tel
jour, à telle heure, lors même qu'il eût plu à Dieu
d'anéantir son âme le lendemain du jour où elle fut
créée.

Leibnitz répond que ce vaisseau, dont Bayle fait une
merveille impossible, pourrait devenir une réalité ; qu'il
suffirait à Dieu de le vouloir, pour le créer. Du reste,
ajoute-t-il, ce n'est point à un vaisseau naviguant seul
qu'il faut comparer le corps, mais à ces bateaux de
trajet qui traversent la rivière à l'aide d'une corde (1).
« C'est comme dans les machines de théâtre et dans

---

(1) Leibn., Journ. des Savants, 1693.

les feux d'artifice, dont on ne trouve plus la justesse
étrange, quand on connaît la main qui les conduit.» Ici,
prenons garde! s'écrie Bayle, nous retombons dans le
système des automates et des causes occasionnelles.
Mais soit, acceptons le corps comme un automate merveilleux : nous n'avons pas encore résolu la question
capitale, celle de l'âme. Comment pourrons-nous conce-
voir que cette âme tire d'elle-même toutes ses modifications, par sa seule spontanéité , et avec une parfaite
conformité aux choses du dehors? Comment admettre,
par exemple, que l'âme d'un chien éprouve le sentiment de la faim et de la soif, quand même il n'y aurait
aucun corps dans l'univers, quand même il n'existerait
que Dieu et elle? Ce n'est là qu'une hypothèse idéale,
dit Leibnitz. Qu'importe ? reprend Bayle, c'est une hypothèse impossible. D'un autre côté, l'on comprend
qu'un chien occupé à manger un morceau de pain passe
brusquement de la joie à la douleur lorsqu'il est inter-
rompu par un coup de bâton ; mais qu'il éprouve ou
puisse éprouver cette sensation douloureuse dans l'âme
lors même que le bâton ne l'aurait pas frappé, voilà ce
qu'on ne saurait imaginer, et pourtant ce qui doit arriver si l'hypothèse de Leibnitz est vraie. Enfin la nature
même de l'âme n'exclut-elle pas cette succession de
sentiments contraires? L'âme est un être simple (1),
indivisible : elle doit donc agir uniformément. On ne
comprend pas comment elle peut diversifier ses opérations, passer de la joie à la tristesse, sans qu'une cause
étrangère vienne la détourner. Leibnitz invoque cette

____

(1) Journ. des Savants, 1693. — Dict. hist. et crit., art. Rorarius.

vertu représentative dont l'âme est douée et qui lui permet de réfléchir ce qui se passe dans le corps. Mais alors on revient aux causes occasionnelles : « La seule différence entre les cartésiens et M. Leibnitz , c'est que les premiers prétendent que Dieu est l'auteur de ces modifications, tandis que le second suppose que l'âme les exécute elle-même. » Encore faudrait-il pour cela qu'elle eût les instruments nécessaires. Or elle ne les a point et ne saurait les avoir. La comparer à une pendule est une grave erreur : on ne saurait mettre en parallèle l'action d'une machine composée de différentes pièces avec celle d'un être dont les attributs essentiels sont l'unité et la simplicité. Si l'on veut trouver un terme de comparaison exact , il faut plutôt supposer un atome au sein du vide. Tant que vous l'abandonnez à son propre mouvement, cet atome devra toujours suivre la même direction. Epicure le comprit si bien, qu'il fut réduit à inventer ce fameux *clinamen* dont on s'est tant moqué. Aura-t-on recours pour l'âme humaine à un pareil expédient ?

Leibnitz n'hésita pas à déclarer que cette objection était redoutable et vraiment digne de son auteur. Il la tourna très habilement, en répondant que l'âme contenait en germe une multitude de modifications différentes , toutes attachées les unes aux autres , et destinées à se développer successivement. « Ces perceptions confuses enveloppent tout ce qui est au dehors, et renferment des rapports infinis..... Là , comme partout, le présent est gros de l'avenir. » Bayle trouva la réponse ingénieuse ; il engagea l'auteur à poursuivre dans cette voie, qui pouvait le mener à un bon résultat. En attendant , il faisait ses réserves, et promettait de se rendre quand on aurait résolu toutes ses objections. Leibnitz connaissait trop bien son adversaire pour espérer jamais une pareille victoire.

En somme, le seul résultat positif auquel nous ait conduit le nouveau système, c'est qu'il ajoute une hypothèse à celles de Descartes et de l'École. Il a succombé sous les coups de l'analyse et de la critique, il a échoué dans l'interprétation des faits. Qu'importe? Tous en sont là. Il honore du moins l'esprit humain, et recule les bornes de la philosophie. C'est un nouveau champ de bataille ouvert à la controverse par un homme de génie. Il faut donc s'y lancer hardiment, sans prétendre néanmoins arriver à la vérité absolue. Même au milieu de ses admirations les plus sincères, Bayle condamne la philosophie à ce rôle éternel de Sisyphe roulant son rocher. Il applaudit aux efforts de ceux qui tentent de le soulever, il les encourage, les aide même à gravir la pente ; puis, au moment où ils croient avoir fixé le roc fatal, on le voit rouler de nouveau, entraînant dans sa chute les systèmes les plus opposés. Cet infatigable questionneur prend plaisir à humilier la raison humaine dans ses plus illustres représentants, non par envie ou défiance, mais pour la forcer, elle aussi, à devenir modeste et tolérante, à déposer la morgue du dogmatisme, où l'on tombe si aisément quand on se croit maître de la vérité.

Outre ces trois hypothèses principales, il en est une quatrième, moins importante, il est vrai, dont Bayle n'a rien dit à l'article de Rorarius, mais qu'il eut occasion de relever plus tard dans la continuation des

Pensées sur les comètes et dans la seconde partie de ses
Réponses aux questions d'un provincial : nous voulons
parler des natures plastiques de Cudworth. Cette doctrine, antérieure à celle de Leibnitz, avait produit une
vive sensation en Angleterre, lorsqu'elle parut pour la
première fois, en 1678. L'auteur, grand théologien, profond érudit, et l'un des plus habiles hommes du XVIIe
siècle, nous dit Bayle, ne pouvant goûter le dogme qui
attribue à Dieu la production des animaux, ni celui qui
l'attribue aux êtres matériels, imagina des substances
immatérielles, des formes ou forces intermédiaires char-
gées d'organiser les corps, mais dépourvues de connaissance et de sentiment : il les appela natures plastiques.

Cudworth n'était plus là pour répondre aux objections ; mais son système trouva dans le savant Leclerc
un champion toujours infatigable lorsqu'il s'agissait
d'attaquer Bayle (1). Une polémique interminable s'ouvrit entre eux.

Nous avons là en quelque sorte une contre-partie de
la discussion engagée avec Leibnitz. Leclerc crie, s'é-
chauffe, s'emporte, *fait l'Orlando furioso*, couvre son
embarras et ses colères des intérêts de la vraie foi. Ses
réponses tournent bien vite au réquisitoire et à la dé-
nonciation. Bayle, de son côté, gardant toujours les apparences du sang-froid, même alors qu'il est piqué au
vif, siffle et raille son pesant adversaire avec une supériorité dédaigneuse (2), se moque de ce beau feu qu'il

---

(1) Hist. des ouv. des Savants, août et déc. 1714. — Bibl. chois.,
t. 4, 6, 7.
(2) Rép. aux quest. d'un provincial, 2e et 3e part.

éprouve pour la religion, lui vieux rationaliste, imprudent complice des origénistes et des sociniens. Il lui objecte qu'on pourrait l'arrêter tout court par les deux mots du capucin Valérien Magni, qui sont devenus un formulaire consacré depuis Pascal ; mais il ne le fera pas : il se contentera de le convaincre de jugement téméraire et de calomnie. En même temps, il a soin de faire remarquer que la question dont il s'agit n'intéresse en rien la religion, que c'est là tout simplement un problème de logique et de physique ; enfin il offre de s'en rapporter au jugement des universités. Si l'arbitrage eût été accepté, Bayle s'en fût sans doute peu inquiété. Les universités furent assez sages pour laisser les deux adversaires aux prises, sans intervenir dans le débat.

Nous n'essaierons point de suivre pas à pas cette longue dispute, où l'auteur du Dictionnaire déploie toutes les qualités que nous lui connaissons déjà, la verve, la malice, la dialectique rapide, serrée, l'art d'opposer les écoles entre elles et d'enfermer ses adversaires en champ clos, tandis que lui-même se tient hors de portée. Ici, c'est Straton qui se charge de confondre Cudworth ou plutôt Leclerc, car, si Cudworth eût vécu, il aurait corrigé son système : Bayle n'en doute point un instant.

A ses yeux, l'hypothèse des natures plastiques présente quatre défauts essentiels :

1° Elle anéantit une des plus fortes preuves de l'existence divine ;

2° Elle fournit aux stratoniciens des arguments considérables ;

3° Elle ressuscite les formes substantielles du moyen

âge, depuis long-temps tombées en désuétude et con--
damnées par toutes les écoles ;

4° Expliquée de la manière la plus favorable, elle
aboutit tout au plus au système des causes occasionnelles, que Cudworth avait voulu éviter.

Ce prétendu pont, jeté entre la matière et l'esprit, nous
ramène au point d'où nous étions partis, ou nous conduit à l'abime sans fond du naturalisme athée. La fille
de Cudworth, *lady Masham*, alarmée du tort qu'une
pareille critique pouvait faire à la mémoire de son père,
écrivit à Bayle une lettre de réclamation. Celui-ci s'em-
pressa de rendre justice aux vertus, aux talents et aux
excellentes intentions de l'illustre défunt ; mais il n'en
maintint pas moins la rigueur de ses conclusions, bien
qu'elles eussent été loin de la pensée de l'auteur. Par
un jeu bizarre et fatal de la raison, l'instrument avait
tourné entre les mains de Cudworth : il avait fourni un
argument aux athées en croyant les combattre. En cela,
il partageait le sort des plus grands philosophes : on
pouvait donc aisément s'en consoler.

Les deux attributs assentiels de l'âme humaine, la
spiritualité et l'immortalité, nous ont paru étrangement
compromis à travers tous les systèmes que nous avons
parcourus. C'est là déjà pour la raison un grave échec ;
mais admettons que ces vérités incontestables, puisque
la religion nous les enseigne, soient démontrées par la
philosophie : nous n'avons pas l'homme complet ; on
n'a pas tout dit, quand on l'a défini un être doué d'une
âme spirituelle et immortelle. Il faut joindre à ces titres
ceux d'être raisonnable et libre. Bayle nous a déjà fait
voir ce qu'était sa raison : il s'agit de montrer mainte-

nant ce que peut la philosophie pour établir sa liberté.

A coup sûr, il n'est point de dogme plus important pour l'homme, puisqu'il est le fondement de ses droits et de ses devoirs ici-bas, et de ses espérances dans l'autre vie. Il n'en est pas de plus évident à première vue, ni de plus obscur, quand on essaie de l'approfondir. Interrogez le paysan qui passe; demandez-lui s'il est libre de marcher ou de se s'arrêter, de parler ou de se taire : il vous répondra sans hésiter. Ouvrez les codes des nations, partout vous retrouvez cette idée que l'homme est responsable de ses actes, et par conséquent doué de liberté. C'est donc là une vérité qui semble d'abord toute simple, tout élémentaire; mais appelez la raison à la définir et à la démontrer, vous la verrez se troubler, hésiter, et succomber aux objections. Quelles sont les preuves qu'on invoque en faveur de notre liberté? La plus forte est celle qui se tire du sentiment intérieur. Mais ce sentiment ne peut-il pas nous tromper ? N'aurions-nous pas une fausse idée de nos perfections? La plupart des gens s'imaginent que leur volonté meut directement leur bras, et cependant les cartésiens démontrent que la chose est impossible (1).

Si cette révélation immédiate de la conscience n'a pu suffire, il faut donc recourir à la réflexion. Ici est l'écueil, contre lequel la liberté menace de se briser. « (2) Ceux qui n'examinent pas à fond ce qui se passe en eux-mêmes, se persuadent facilement qu'ils sont libres, et que, si leur volonté les porte au mal, c'est leur

---

(1) Rép. aux quest. d'un provincial, 2ᵉ part., ch. 136, 137, 138 et suiv.

(2) Dict. hist. et crit., art. Hélène.

faute, c'est par un choix dont ils sont maîtres. Ceux qui font un autre jugement sont des personnes qui ont étudié avec soin les ressorts et les circonstances de leurs actions, et qui ont bien réfléchi sur les progrès du mouvement de leur âme. Ces personnes-là, pour l'ordinaire, doutent de leur franc arbitre. » Ainsi s'établit dans les temps anciens la croyance à la fatalité : Hélène, Médée, Phèdre, sont des victimes du destin. « Selon ce principe, si Hélène et Médée deviennent amoureuses, il faut s'en prendre à celui qui a formé et arrangé les parties de leur corps, tout de même que, s'il fume dans une chambre, quand le vent souffle, il faut imputer cela non pas au vent, mais au maçon qui a fait la cheminée (1). » Cette doctrine est fausse, immorale, décourageante : Bayle ne le nie pas ; mais enfin la raison, abandonnée à ses seules forces, destituée de la grâce et des lumières de la révélation, va droit à ce nouvel abîme. — Cette question de la liberté est si obscure, que théologiens et philosophes discutent depuis des siècles sans avoir pu l'éclaircir. Ceux même qui s'accordent à reconnaître ce dogme comme très certain se divisent dès qu'il s'agit de l'expliquer. Les uns admettent une liberté d'indifférence illimitée : ils supposent que la volonté se prononce sans égard aux motifs qui peuvent la déterminer. Mais alors l'homme devient un être indisciplinable ; le caprice est la seule règle de sa vie ; on ôte ainsi à la raison tout ce qu'on donne à la liberté. Les autres reconnaissent dans tout acte de volition l'influence nécessaire

----

(1) Rép. aux quest. d'un provincial, ch. 138, 2ᵉ part. — *Ibid.*, 89. — Rép. à MM. King et Jaquelot.

d'un motif. Cette doctrine est en effet la plus raisonnable. Mais prenons garde aux conséquences. Si la présence d'un motif est nécessaire, la volonté sera fatalement entraînée ; elle inclinera de tel ou tel côté, comme une balance, selon que l'un des deux bassins sera plus chargé. « (1) Si les raisons tirées de la conscience et de la religion convertissent un vieux scélérat, c'est à cause qu'elles sont d'un poids supérieur à celui du vice. Le bassin de la crainte de l'enfer ou de l'espérance du paradis se trouve alors plus chargé que celui des affections charnelles : il attire donc l'âme visiblement de ce côté. » Comme la passion est presque toujours d'un poids supérieur à la raison, sa victoire est assurée. C'est elle qui conduira les individus, et par eux les sociétés. Ainsi, voilà encore cette liberté qui nous glisse des mains, au moment où nous croyons la posséder.

Bayle eut pourtant l'air un instant de la défendre contre les objections de Spinosa ; mais ses réponses sont si faib'es, si incomplètes, qu'il semble partager l'avis de ceux qu'il combat. Sa prétendue justification du libre arbitre, à l'article Buridan, lui attira de vifs reproches de la part de M. Jaquelot. On connaît la fameuse hypothèse de l'âne qui, placé entre un seau d'eau et un picotin d'avoine, ne sait lequel choisir, et reste ainsi suspendu entre deux motifs égaux. Spinosa n'hésite pas à déclarer qu'un homme placé dans cette position périrait infailliblement de faim et de soif. Bayle répond que cet aveu est très mal fondé, « qu'il y aurait au moins deux voies par lesquelles l'homme pourrait se dégager des

---

(1) Rép. aux quest. d'un provincial, 2ᵉ part., ch. 139.

piéges de l'équilibre. L'une serait de supposer que, pour se flatter de l'agréable imagination qu'il est le maître chez lui, il prend tel ou tel parti ; l'autre serait celle du sort ou du hasard (1) » Ouvrir à la liberté cette double issue, après l'avoir traquée de tous côtés, n'était-ce pas l'entraîner dans un piége, la tuer en prétendant la sauver ? Bayle a soin d'ajouter, il est vrai, qu'il est ici tout simplement historien, rapporteur plutôt que juge des opinions. Il ne se prononce pour aucun système, et se contente de les embarrasser tous à la fois.

La question de la liberté, prise isolément en elle-même, est déjà inexplicable ; mais, en philosophie, il ne s'agit pas de démontrer seulement un dogme séparé ; il faut encore le concilier avec les dogmes voisins ; il faut que l'affirmation d'une vérité ne soit pas la négation d'une autre vérité. Or prenez les systèmes les plus favorables, celui des cartésiens par exemple, le seul qui soit arrivé presqu'à la certitude sur la spiritualité et l'immortalité de l'âme ; demandez-lui de faire une place à la liberté sans déranger, sans contredire ses propres principes : il échouera visiblement. D'après Descartes et Malebranche, la conservation des créatures n'est qu'une création continue. De plus, un être créé ne saurait être la cause première de quoi que ce soit. Enfin les attributs ne font qu'un avec la substance. Ces trois principes une fois établis, Dieu, qui est l'auteur de notre existence, sera aussi la cause de ses modifications. Dira-t-on que nos actes de volition sont distincts de la substance? Alors on en fait autant de petits êtres à part. Les cartésiens

____

(1) Dict. hist. et crit., art. Buridan.

ont supposé que notre âme est passive à l'égard des sensations et des idées de l'entendement. Pourquoi n'ont-ils pas poussé leur système jusqu'aux actes de volition ? Par respect pour les vérités révélées. Ils l'auraient fait, s'ils eussent été conséquents.

Le voisinage des bêtes, les merveilleux exemples de ruse et d'industrie qu'on leur attribue, ont fourni tout à l'heure un argument redoutable contre la nature de l'âme humaine. Les attributs divins, à leur tour, semblent limiter et démentir notre liberté. Ainsi, que l'homme regarde soit au dessous, soit au dessus de lui, il se sent amoindri, débordé des deux côtés, ici par les créatures inférieures, qui semblent lui disputer son domaine et ses titres de royauté ; là par le Créateur, qui l'écrase sous ses perfections infinies. Entre ce double flot, la raison cherche vainement un milieu solide, où elle puisse asseoir, d'une manière inébranlable, le dogme de notre liberté.

Du moment où nous admettons un être souverainement parfait, nous devons lui reconnaître en même temps une bonté et une sagesse infinies. Or comment cet être infiniment bon a-t-il pu donner à l'homme une faculté qui devint l'instrument de sa perte et de sa damnation éternelle ? Ici nous retombons dans la question de l'origine du mal. S'il est infiniment sage, il connaît l'avenir, il sait d'avance, de toute éternité, ce qui doit se passer dans le monde, jusqu'à la consommation des siècles. Dès lors, tentez de concilier la prescience des futurs contingents avec la liberté de la créature. « Si Dieu a prévu que Pierre péchera demain, il s'ensuit nécessairement que Pierre péchera demain : donc Pierre péchera demain nécessairement (1). » Il y a là, en effet, une objection insoluble, avec laquelle les sociniens tiennent en échec toutes les écoles. Bayle montre du doigt la profondeur de l'abîme ; il invite la raison à s'en approcher, la pousse en avant; puis, la voyant reculer effrayée, il rit de ses terreurs, de son impuissance, et l'invite à laisser de côté encore une fois ce problème désespérant de la liberté. Bossuet, arrivé devant ce précipice, où le vertige du doute avait saisi tant d'esprits faibles, s'était arrêté avec respect, en répétant cette parole de saint Paul : « *O altitudo !* » Mais cette humiliation volontaire de la raison n'était pas une abdication. Il ne méconnaissait pas pour cela la puissance de cette faculté supérieure qui met l'homme en communication avec Dieu ; il tenait d'une main ferme les deux bouts de la chaîne, quoiqu'il renonçât à comprendre comment l'enchaînement se continuait. Descartes, lui aussi, avouait l'impossibilité de concilier ces deux vérités; mais il n'en regardait pas moins comme incontestables et ces vérités elles-mêmes, et les preuves sur lesquelles on les faisait reposer. Sous prétexte que la raison ne peut combler l'intervalle, il ne doutait pas plus de la liberté et de la prescience divine que de l'existence de la matière et de l'esprit, bien qu'il eût renoncé à démêler le secret de leur union. — Rappelant à ce sujet la preuve tirée du sentiment intérieur, il écrivait ces simples paroles, plus fortes que tous les raisonnements métaphysiques : « Nous aurions tort de douter de ce que nous apercevons intérieurement et savons par expé-

---

(1) Rép. aux quest. d'un provincial, 2ᵉ part., ch. 140.

rience être en nous, parceque nous ne comprenons pas une autre chose, que nous savons être incompréhensible de sa nature (1) ».

En parlant ainsi, Descartes, le plus hardi génie du XVIIe siècle, donnait aux philosophes une leçon de modestie et de bon sens. Bayle, au contraire, exagérait outre mesure et à dessein, en prétendant que la seule objection tirée de la prescience suffisait pour infirmer l'évidence de toutes les preuves en faveur de la liberté. Est-ce à dire qu'il soit fataliste? Il a pour cela trop de bon sens, de sagesse pratique et d'antipathie contre tout système absolu. Le seul résultat auquel il prétende, c'est de montrer qu'en théorie, de simple philosophe à philosophe, la question du libre arbitre est au dessus de la décision. Dans les faits, il lui laisse sa place, bien restreinte, il est vrai, car les influences du tempérament, les révélations de l'instinct, les entraînements de la passion, se réunissent pour la limiter de tous côtés. « La vie (2) humaine n'est autre chose qu'un combat perpétuel des passions avec la conscience, dans lequel celle-ci est presque toujours vaincue. » En cela, Bayle représente déjà une tendance fatale de l'école philosophique au XVIIIe siècle. Il ne prétend pas glorifier ni justifier ces égarements ; mais, à force de montrer le triomphe perpétuel de la partie la plus indisciplinable et la plus aveugle de l'âme humaine, n'est-il pas à craindre qu'on ne décourage la volonté? Le spiritualisme peut avoir ses exagérations, la vertu ses pédants, la liberté sés

____

(1) Princip., art. 41, 1re part.
(2) Dict. hist. et crit., art. Hélène.

fanfarons ; mais, en somme , on peut dire des philosophes ce qu'un poète de nos jours a dit des femmes : « Il
vaut mieux pour eux que l'idéal soit en haut qu'en bas. »
—Or l'idéal de l'homme, tel que l'a conçu Bayle, manque de grandeur et de dignité. D'où vient donc cette
fâcheuse disposition ? Est-ce dégoût d'une âme que le
monde n'a pu remplir, comme chez Pascal ? Est-ce colère ou rancune contre la société, comme chez Rousseau ? Non : Bayle n'a point de ces haines vigoureuses,
de ces élans passionnés et éloquents à la façon d'Alceste;
il ressemble plutôt à Philinte : il éprouve comme lui
une indulgence mêlée de compassion et de mépris. Pascal, à travers ses sombres accès de misanthropie, exalte
et ravale tour à tour l'humanité : « Quelle chimère est-
ce donc que l'homme ? Quelle nouveauté, quel monstre,
quel chaos, quel sujet de contradictions, quel prodige !
Juge de toutes choses, imbécile ver de terre, dépositaire
du vrai, cloaque d'incertitude et d'erreur, gloire et rebut de l'univers !» Pour Bayle, l'homme n'est ni un ver
de terre ni un roi, ni le rebut ni la gloire de l'univers, mais tout simplement un être changeant, vain,
faible, ignorant, sans grande méchanceté ni grande
vertu, quelque chose de médiocre (1). Le roseau pen-
sant de Pascal est à lui seul plus grand que le monde
qui l'environne : il se relève par le sentiment de sa
propre faiblesse. Bayle trouve l'homme déjà trop plein
de lui-même pour lui laisser ce légitime sujet d'orgueil. Son incrédulité railleuse s'attaque aux deux plus

---

(1) « La plupart des hommes ne sont que médiocrement méchants.» (Dict., art. Hobbes).

beaux attributs de l'humanité : la Liberté et la Vertu.

La passion et l'instinct, telles sont, selon lui, les deux forces principales qui nous gouvernent. La volonté ne vient qu'après, même dans les actes les plus désintéressés en apparence, même lorsqu'il s'agit de faire le bien. Bayle se sent peu de goût pour le stoïcisme. Il ne croit pas à ces bravades de la liberté. « (1) C'est avec raison, écrit-il à M. Minutoli, son confident, que Caton a été incompréhensible à son siècle et que sa vertu passait les gens. Aussi voyons-nous que Virgile, le trouvant trop vertueux pour les gens de ce monde, en a fait présent à ceux de l'autre :

> Secretosque pios, his dantem jura Catonem. »

A ses yeux, l'égoïsme et la vanité sont les deux grands mobiles des vertus humaines, surtout chez les femmes : la crainte de la médisance est la meilleure sauvegarde de leur chasteté (2). Par un travers d'esprit déplorable, qu'il tient de son propre fonds et des écrivains du XVIe siècle, il ne manque aucune occasion de lancer un trait satirique ou licencieux contre les dames de France, d'Espagne et d'Italie : « *Il paraît que les femmes de Paris sont devenues grandes buveuses d'eau-de-vie et grandes preneuses de tabac, sans parler de la coquetterie, etc... (3).* » Bayle est un de ces éru-

---

(1) Corresp., 31 janv. 1673.

(2) L'honnêteté des femmes est souvent l'amour de leur réputa-ion et de leur repos.» (La Rochefoucauld, Pensées.)

(3) Lett. à M. Lenfant.

> A se barbouiller de tabac
> Trouvait-on de la gloire ?
> Se piquait-on d'un estomac
> Qui fût si propre à boire ?

dits solitaires, qui se désennuient du célibat en médisant du mariage, et dont toutes les galanteries se bornent à lire ou à raconter un conte graveleux, dans leur cabinet, au coin du feu. Les quatorze heures qu'il donnait chaque jour à l'étude lui laissaient peu de temps pour les promenades, collations, parties de plaisir et autres bagatelles. Il prend sa revanche en écrivant.

Vertueux par tempérament, doué d'une nature douce, honnête, froide et modérée, incapable d'héroïsme et de bassesse, ennemi de l'orgueil et de la roideur chez les hommes, de la pruderie chez les femmes, il croit pouvoir jouer impunément avec la morale, la retourner, la contredire, toujours par amusement d'esprit; et il ne semble pas soupçonner qu'à ce jeu on court risque d'ébranler les plus saintes convictions de l'âme humaine. Ce qui le pousse dans cette voie fatale du paradoxe, c'est d'abord son éternelle manie de disputer, puis sa haine de l'affirmation absolue, du dogmatisme, en quelque lieu et sous quelque forme qu'il se présente. Les moralistes sont comme les géomètres : ils prétendent établir leurs doctrines sur des axiomes inébranlables. Bayle entreprend de leur montrer que ces axiomes sont sujets à contradiction; que ces vertus dont on parle tant changent avec les climats, qu'elles tiennent souvent aux préjugés, aux mœurs du peuple, aux inventions de la politique; que ces hommes dont on veut faire des héros sont la plupart du temps de pures machines. Le

---

Certaines dames de ce temps
L'emportent, pour ces beaux talents,
Sur Jean de Vert, sur Jean de Vert.
(Dict., art. Jean de Vert.)

rélatif opposé à l'absolu, les exceptions à la règle, l'apparence à la réalité, la forme au fond , tel est le secret de cette polémique.

Précédemment, quand il s'agissait de prouver qu'un athée peut être honnête homme, nous l'avons entendu invoquer ces vérités morales antérieures à toute religion. Il s'en rapportait alors à la puissance de la raison , aux révélations de la conscience ; il citait l'exemple du lettré chinois affirmant, avec les théologiens et les philosophes de tous les temps, la certitude de cette maxime : « *Il faut pratiquer la vertu* ». Puis, le voilà qui se retourne brusquement contre les moralistes, et leur conteste l'argument même sur lequel il s'appuyait tout à l'heure. Cette universalité de la loi morale n'est-elle jamais démentie par l'expérience ? Sans doute tous les hommes, ou presque tous, avouent qu'il existe une distinction essentielle entre le bien et le mal ; mais dès qu'il s'agit de définir l'un et l'autre, sont-ils toujours d'accord ? La morale ne semble-t-elle pas changer avec les latitudes, et ne peut-on pas dire , en retournant un mot fameux : Vertu en deçà des Pyrénées, vice au delà ? Choisissez parmi les sentiments du cœur humain, parmi les devoirs les plus universels et les plus incontestés, l'amour paternel ou la piété filiale. Certes, s'il est une loi de la nature et de la morale qui semble ne point souffrir d'exception, c'est celle qui impose aux parents l'obligation de nourrir, d'élever et d'instruire leurs enfants. Expliquez donc alors pourquoi les femmes de Sparte immolaient leurs fils difformes ; comprenez la conduite des Chinois, qui, sans remords et avec l'autorisation de la loi, exposent leurs nouveau-nés ou les donnent à manger aux porcs, quand leur famille est trop nombreuse. — Le fils, de son côté, doit honorer, protéger et nourrir son père devenu vieux. Le parricide est de tous les crimes le plus odieux et le plus sévèrement puni par les lois, et pourtant, chez certains peuples sauvages, le père de famille ne souhaite qu'une chose, être tué et mangé par les siens. Enfin, à toutes les époques, la chasteté a été regardée comme le plus bel apanage des femmes : pourquoi donc le libertinage est-il devenu dans certains pays un métier honorable ? Pourquoi voit-on des peuples offrir leurs femmes aux étrangers ? Pourquoi, sous le règne de Louis VII, une jeune fille, soupçonnée d'appartenir à la secte des publicains, fut-elle brûlée pour avoir cru que la perte de sa virginité entraînerait sa damnation éternelle ? (1) Bayle reprend ici un des chapitres les plus piquants, les plus risqués et les plus faux de Montaigne. Toute cette argumentation roule sur un sophisme qui saute aux yeux. Il s'arrête aux apparences ; il ne se demande pas si le sentiment qui porte le jeune sauvage à tuer et à manger pieusement son père, pour le sauver des outrages de l'ennemi, n'est pas le même qui pousse ailleurs un fils à nourrir et à prolonger la vieillesse de celui qui a pris soin de son enfance. Aussi toutes ces contradictions extérieures ne prouvent rien. Qu'importe à la certitude de la loi morale que la forme change, si le fond reste le même ? Quant à ces exceptions monstrueuses nées de la misère, de l'abrutissement ou d'une politique impitoyable, l'horreur qu'elles inspirent confirme la règle dont nous parlons.

---

(1) Rép. aux quest. d'un provincial, 4ᵉ part., ch. 10.

Du reste, Bayle n'est pas dupe de ces objections ; il sait parfaitement les réfuter au besoin. S'il les prolonge, c'est pour déconcerter les philosophes et intimider la raison.

La preuve tirée du consentement universel a déjà été rejetée par lui dans la question de l'existence divine. Elle est frappée de la même impuissance lorsqu'il s'agit d'établir la certitude de la loi morale. Mais si l'on ne s'en rapporte pas à la voix de tous les hommes, peut-être s'en rapportera-t-on à cette voix intérieure qui approuve ou condamne nos actes, et qu'on nomme conscience. Chacun de nous porte en lui un juge incorruptible. Le niera-t-on ? Non pas, dit Bayle ; mais ce juge est-il à l'abri des faiblesses, des erreurs, des préjugés, qui enveloppent notre pauvre humanité ? Les païens envoyaient les chrétiens à l'amphithéâtre par principe de conscience ; les catholiques ont proscrit les protestants par le même principe : osera-t-on soutenir qu'ils ont bien fait (1) ?

Les inspirations de la nature ne trompent jamais et sont toujours bonnes, reprennent certains philosophes. Cette idée fournit à Rousseau, quelques années plus tard, son fameux axiome : « Tout est bon venant des mains de la nature ; tout est mauvais sortant des mains de l'homme. » Bayle ne croit ni les hommes si méchants, ni la nature si parfaite. Celle-ci a jeté dans nos cœurs les germes de la vanité, de l'égoïsme, du mensonge, comme elle a mêlé le poison au suc des plantes et attaché le venin à la langue des serpents. S'en rapporter uni-

____

(1) Rép. aux quest. d'un provincial, 4ᵉ part., ch. 4.

quement à ses inspirations serait donc une voie périlleuse. On légitimerait ainsi bien des vices, qui doivent nous paraître aussi naturels que les vertus. Enfin, cette nature, où la trouver? N'est-elle pas écrasée, modifiée à chaque heure, par les influences qui nous entourent, par l'habitude ou l'éducation? Tous les hommes, comme il l'a déjà dit, n'ont-ils pas été sifflés dès le berceau? Et qui sait si les plus saintes affections de la famille, de la cité, de la patrie, ne sont pas une invention du législateur, une spéculation habile de l'égoisme individuel ou social? Admettre que les vertus peuvent être le résultat des mœurs ou de l'habitude, une invention même de la politique, c'est reconnaître que l'éducation a le pouvoir de métamorphoser les hommes, de les pervertir ou de les améliorer. Dès lors, le mot de Leibnitz est vrai . « Changez le système d'éducation et vous changerez la face du monde. » — Mais Bayle ne fait point tant d'honneur à la liberté humaine. Chez lui l'affirmation entraîne toujours à sa suite une négation correspondante : le jeu de bascule revient sans cesse. Cette influence de l'éducation qu'il reconnaît sur un point, il la conteste sur un autre; si elle peut donner à l'homme certaines vertus, elle ne peut diminuer sa malice. « L'homme est un animal incorrigible; il est aujourd'huui aussi méchant qu'aux premiers siècles. » Pascal avait dit, à peu près dans les mêmes termes : « Les inventions vont en avant de siècle en siècle ; la bonté et la malice du monde, en général, est la même. » Cette idée de *perfectibilité*, de progrès, qui assigne un but à la vie collective de l'humanité comme à celle de l'individu, cette aspiration de toutes les âmes généreuses que le désenchantement n'a point encore flétries, Bayle la rejette comme une chimère. Singulier aveu dans la bouche de l'homme qui combattit jusqu'à la mort pour le triomphe d'une idée nouvelle, destinée à changer la face et l'esprit de la société !

Cependant, il ne faut pas trop prendre au sérieux ces boutades paradoxales. Quand il s'attaque aux plus nobles sentiments du cœur humain, parle-t-il sincèrement ? Sa vie entière prouve qu'il fut tendre fils, bon frère, ami dévoué, sans ambition ni cupidité, supérieur même sous ce rapport à Leibnitz, qui eut un faible pour l'argent. Piqué au jeu de la discussion, il se laissait entraîner à ces bravades de scepticisme, qui venaient sur ses lèvres, et qu'il désavouait du fond du cœur. Montaigne, lui aussi, son maître en pyrrhonisme, n'avait-il pas dit : « Donnez-moi la plus belle action du monde, et je vous ferai voir qu'elle peut avoir cinquante méchants motifs » ? Et ce même homme qui révoquait en doute les plus beaux traits de dévoûment, de patriotisme et de charité chrétienne, donnait l'exemple du plus profond attachement pour son ami La Boëtie, et de toutes les vertus civiques, au milieu des malheurs qui désolaient son pays. Il honorait par sa conduite l'humanité, qu'il avait tant de fois calomniée dans ses écrits, et, par une contradiction touchante, montrait que le cœur valut encore mieux chez lui que l'esprit. Il en est ainsi chez Bayle : l'auteur vaut mieux que la doctrine. Il médit de la vertu, qu'il pratique ; de la philosophie, qu'il aime ; de la religion, qu'il ne hait point, quand elle ne se

fait pas violente et oppressive ; de l'humanité, qu'il sait
estimer, plaindre et consoler au besoin (1).

Scepticisme politique.

Déjà nous avons eu occasion de signaler la part immense que Bayle fait à l'instinct et à la passion. Ce qu'il
a dit pour l'individu, il l'applique aux sociétés. Selon
lui, la raison n'a point présidé à leur établissement.
L'instinct seul les a créées et les conserve. L'organisa-
tion de la famille, cette base éternelle des sociétés humaines, est l'œuvre d'un sentiment aveugle plutôt que
d'un choix libre et réfléchi. La raison pure, abstraite,
dépouillée de toute faiblesse et de toute passion, conseil-
lerait, dit-il, la communauté des femmes, témoin Platon,
qui fut amené logiquement à l'introduire dans sa République. Mais le sentiment intérieur y répugne. La jalousie, que Dieu a déposée dans le cœur de l'homme, est
la sauvegarde des familles. « *Il n'y a point de doute
que la jalousie n'ait empêché l'introduction de la communauté des femmes, qui eût été une source de confusion
dans la société civile* (2). » Nouvel argument qui dé-
montre l'utilité des erreurs et des passions dans la société. Il est vrai que l'auteur se hâte d'ajouter qu'en
parlant ainsi il considère la raison séparée de la grâce
et des lumières de la foi, deux préservatifs qu'il a toujours soin d'invoquer dans les cas embarrassants.

Une fois réunie, la société doit se proposer un but, ne
serait-ce que celui de vivre ; et pour l'atteindre, elle

---

(1) V. la lett. à M. Minutoli sur la mort de son fils.
(2) Nouv. lett. crit. sur l'Hist. gén. du Calv., lett. 17.

doit s'organiser d'après certaines lois. De là l'origine des gouvernements. La forme la plus simple, celle qui apparaît tout d'abord, c'est le pouvoir du père de famille se continuant dans l'Etat, le roi gouvernant ses sujets comme ses enfants, disposant de leurs biens et de leurs personnes. Telle est la monarchie des Hébreux, tel est l'idéal de Bossuet dans sa Politique tirée de l'Écriture sainte, et le type de la royauté en France au XVIIe siècle. Cette forme de gouvernement n'est autre chose que le principe de l'Eglise catholique appliqué à l'ordre civil, l'autorité absolue. Le protestantisme, apportant dans le monde l'idée de contradiction, réveille aussi celle de liberté, étouffée depuis des siècles. L'esprit d'examen passe du spirituel au temporel. Dès 1559, la déclaration des protestants de Magdebourg établit le droit d'insurrection contre les magistrats ; le livre de Buchanan et celui de Junius Brutus viennent bientôt définir et réglementer l'exercice de ce droit (1). Au XVIIe siècle, écrasés comme parti politique, les protestants s'étaient ralliés franchement au principe monarchique. La révocation de l'édit de Nantes réveilla les hostilités. Aigris par l'exil, unissant dans la même haine Louis XIV et la monarchie absolue, ils opposent à la souveraineté du roi celle du peuple. Jurieu applique au gouvernement l'idée du contrat (2). C'est au nom de ce principe que s'opère la révolution de 1688 en Angleterre ; la nation se prétend

---

(1) **V.** dans Bayle une longue dissertation sur ce livre, que les uns attribuent à Longuet, les autres à Duplessis-Mornay.

(2) Les soupirs de la France esclave, qui aspire après sa liberté, 1685. (Ouv. de Jurieu, réimprimé depuis, en 1782.)

trahie, et rentre dans ses droits, c'est-à-dire dans la libre possession d'elle-même.

Placé entre les deux camps, Bayle n'a point d'affections ni d'opinions politiques bien arrêtées. L'utopie n'est pas son défaut ; il a trop peu de foi dans l'âme et trop d'esprit pour s'y laisser prendre. Il croit peu à l'efficacité des systèmes, et beaucoup à la puissance des faits. Pourtant, si ennemi qu'il soit de toute règle et de toute contrainte, bien qu'il admette à la rigueur qu'une société peut exister sans religion, il ne suppose pas encore, comme fera plus tard un de ses disciples, qu'elle puisse vivre sans gouvernement. Il en faut un nécessairement. Lequel choisir ? La question est difficile. Tous ont leur bon et leur mauvais côté, et le meilleur offre de grands abus. Au milieu de ces hésitations, il est facile de voir cependant que Bayle incline plus volontiers vers la monarchie. Ses ennemis lui en firent un reproche ; ses amis même s'en plaignirent quelquefois. « J'apprends que les plaintes que ce seigneur (milord Sunderland) (1) fait contre moi sont fondées sur la supposition que *je sème des principes monarchiques et arbitraires*, que j'élève perpétuellement la grandeur de la France, et que je rabaisse le mérite des alliés et de leurs généraux. » Du reste, il ne cherche pas à rendre compte de ces sympathies. Il y tient par habitude d'abord : la société française a tellement pris la forme du moule mo-

---

(1) Lett. à M. Desmaizeaux, 28 juill. 1706.

Milord Sunderland, ministre anglais, songeait à faire expulser Bayle de Hollande. Heureusement, le comte de Shaftsbury, ami et protecteur du philosophe, intervint en sa faveur et calma la colère du ministre.

narchique , dans lequel on l'a jetée depuis des siècles, qu'il ne conçoit guère qu'elle puisse exister autrement. Il y tient encore par amour du repos : les révolutions l'effraient ; protestant, il en est presque à regretter la réforme de Luther et de Calvin, à cause des désordres qu'elle a produits dans le monde. Il y tient enfin par un certain fonds de défiance, dont il ne se départ jamais, tout ami qu'il est des nouveautés.

Mais sa foi monarchique est loin de ressembler à celle de Louis XIV et de Bossuet. Il ne croit (1) guère au droit divin; il n'admet pas que les souverains aient qualité pour intervenir dans les affaires de conscience ; il veut que les sujets puissent librement professer, publier, enseigner leurs opinions ; dans la question de l'Eglise gallicane, il donne raison au Saint-Siége contre Louis XIV; il doute fort que les Français éprouvent en général pour leurs monarques *cette idolâtrie dont on parle tant;* il fait remarquer que les républiques ont souvent humilié les rois ; il rappelle aux admirateurs enthousiastes d'Auguste ce que devint Rome sous les Tibère et les Néron; et, citant les plaintes éloquentes de Tacite : « *Dedimus profecto grande patientiæ documentum* », il oppose aux maux du despotisme les charmes de la liberté. « Après tout, soyez assuré, monsieur, qu'il n'y a rien *de plus doux que la liberté*. On n'en peut pas dire comme on l'a dit de la guerre, qu'elle n'a des agréments que pour ceux qui ne la connaissent pas : *Dulce bellum inexpertis.* Plus on la goûte , plus la veut-on goûter. » (2)

---

(1) V. Examen du discours de Sorbière sur le despotisme. (Rép. aux quest. d'un provincial, 1re part., ch. 64.)

(2) Rép. aux quest. d'un provincial, *ibid.*

Le respect qu'il affecte pour les monarchies ressemble assez à celui qu'il a pour les religions : il est surtout extérieur. On voit qu'il tient à garder prudemment les règles des convenances et de l'étiquette, du moins envers les pouvoirs. Ainsi, il blâme les libelles diffamatoires que ses coreligionnaires publient en Hollande, et avoue qu'ils ont souvent raison dans le fond, mais tort dans la forme ; il veut qu'on ait des égards même pour le *sultan et sa famille.* « Quelque Turcs que soient les gens, on doit toujours respecter le caractère de monarque. » (1) Ailleurs, il répond à quelqu'un qui l'interroge : « (2) Vous me demandez si je crois que les princes de la maison d'Autriche ont le don des miracles... je n'en sais rien. » Il pense bien que non, mais il ne le dit pas, tant il craint de s'attirer des embarras, comme ceux qu'il eut un moment avec Christine de Suède.

Malgré son titre de protestant, son séjour en Hollande, et la haine légitime qui animait les réfugiés contre le gouvernement de Louis XIV, Bayle se sentit toujours peu de goût pour ce qu'il appelle *les préjugés républicains* (3). Le dogme de la souveraineté populaire, proclamé et défini par Jurieu, lui était suspect à plus d'un titre. Habitué à saisir en toutes choses le mal plutôt que le bien, il signale avec une merveilleuse sagacité les périls attachés à ce nouveau principe ; il le perce à jour dès sa naissance, en y rattachant comme conséquences fatales le droit de révolte permanent, l'anarchie et la guerre

---

(1) Nouv. de la rép. des lett., ann. 1682.
(2) Rép. aux quest. d'un provincial, 2ᵉ part., ch. 122.
(3) Lett. à M. Desmaizeaux, 28 juill. 1706.

civile. Partisan de la liberté religieuse, il croyait que cette conquête suffisait au présent : il s'effrayait de voir les protestants, imbus d'un *esprit chagrin et séditieux*, compliquer la question en réclamant la liberté politique, et exciter contre eux les défiances des souverains. Pour faire accepter ces idées de tolérance, dont il était alors le défenseur opiniâtre, il fallait montrer que le changement de religion n'entraînait pas celui de gouvernement, qu'on pouvait être protestant et dévoué à la monarchie. « Le parti le plus honnête et le plus utile pour une religion est celui que l'auteur soutient (le respect dû aux rois). Sa doctrine est fort commune parmi les protestants, comme il paraît par une infinité de livres..... On ne laisse pas de les accuser d'un *esprit démocratique*, et de les rendre responsables de ce qu'ont écrit Buchanan, Milton et quelques autres plumes vénales du temps de Cromwell. » (1)

Une difficulté surtout l'a frappé dans toute espèce de gouvernement : où commencent, où s'arrêtent les droits des gouvernants et des gouvernés ? Il touche du doigt ce nœud gordien, qu'on peut trancher d'un coup d'épée un beau matin, mais qui se renoue le lendemain plus compliqué que la veille. Quoi qu'on fasse, il y a là un problème insoluble, aussi embarrassant pour les théoriciens politiques que la question de la foi et de la raison pour les théologiens et les philosophes.

Ira-t-on consulter l'Évangile ? « (2) Saint Pierre et saint Paul ont dit, en termes exprès, non seulement

---

(1) Nouv. de la rép. des lett., ann. 1685, art. 6.
(2) Nouv. de la rép. des lett., juill. 1684.

qu'il faut obéir à ses souverains quand ils sont justes et bons, mais aussi quand ils sont méchants ; et ils ne se contentent pas de dire qu'il faut obéir par le motif de la crainte : ils veulent de plus qu'on obéisse par un motif de conscience. Voilà qui est bien clair d'un côté ; mais de l'autre, saint Pierre n'a pas dit moins clairement qu'il vaut mieux obéir à Dieu qu'aux hommes »..... Or qu'en résulte-t-il ?.... « Les souverains, se persuadant que leur droit est clairement contenu dans l'Ecriture, traitent d'impies tous ceux qui ne leur obéissent point ; et les sujets, se persuadant que Dieu leur ordonne de désobéir à tout ce qui est contraire à sa volonté, se font un mérite de leur désobéissance. » — Essaiera-t-on de s'en rapporter à la raison? Reconnaîtra-t-on aux sujets le droit d'examen illimité ? Leur permettra-t-on de discuter leur obéissance, comme Bayle lui-même semblait l'indiquer plus haut en disant : *Toute loi qui n'est pas juste n'est pas une loi ?* Mais c'est exposer l'Etat à des révolutions continuelles. — S'inclinera-t-on dans une soumission aveugle ? Mais on ouvre ainsi un libre cours au crime et à la violence ; on arrive aux conséquences absurdes d'Ignace de Loyola, qui se laissait martyriser par un médecin ignorant, pour ne pas manquer au grand principe d'autorité.

Ce juste milieu, où les droits réciproques des uns et des autres soient respectés, est impossible à trouver dans une monarchie absolue, où le peuple est sacrifié au souverain, comme dans une république, où les magistrats sont à la merci des citoyens. Ira-t-on le chercher dans cette forme mixte, qui semblait si bien appropriée au génie éclectique de Bayle, dans ce gouvernement que Montesquieu enviait à l'Angleterre? Bayle traite assez cavalièrement cette machine si compliquée, qui doit toujours dégénérer en monarchie ou en république, selon que les rois ou les sujets sont les plus forts. « *(1) On met trop ou trop peu de quelqu'un des ingrédients, et c'est ce qui gâte tout ; c'est un principe nécessaire d'altération et de maladie.* » Il n'y a pas jusqu'à ce malheureux régime parlementaire, si attaqué de nos jours, qui ne soit censuré, raillé par lui avec une verve incrédule (2), à laquelle, il faut le dire, aucun gouvernement ne saurait échapper, pas même celui de la Providence.

Bayle continue à désenchanter le monde : il frappe à la fois sur la Liberté et l'Autorité, sur le passé et sur l'avenir, prévenant l'enthousiasme trop facile, ébranlant les convictions trop absolues, faisant ressortir partout et toujours cette éternelle contradiction qui est au fond des systèmes, des institutions et des croyances du genre humain. « Nous connaissons si mal les choses, que nous disputons presque sur tout. Il faut donc que les choses se présentent à nous sous diverses faces, qui prennent chacune les couleurs de la vérité, et que les principes qui prouvent les choses soient combattus par d'autres principes. » Pascal, lui aussi, ce grand contempteur de la raison humaine, avec son effrayante imagination de philosophe poète, qui perce les choses d'outre en outre

***

(1) Rép. aux quest. d'un provincial, 1re part., ch. 65.

(2) « Le pauvre peuple se persuade qu'il jouit d'une perpétuelle souveraineté, sous prétexte que tous ces ballottements ne dépendent pas du caprice d'une seule tête, mais de celui de deux ou trois cents. » (Avis aux réfugiés.)

et va au delà, précipite l'homme d'un extrême à l'autre, de la misère à la grandeur, de l'être au néant, du pyrrhonisme au dogmatisme le plus absolu ; puis, après l'avoir tenu suspendu au dessus de l'abîme, il le laisse tomber de toute la hauteur de ses illusions perdues, de son orgueil brisé et de sa raison confondue :

Ut lapsu graviore ruat.

Bayle saute de contradictions en contradictions avec la légèreté étourdie et un peu brouillonne d'un bel-esprit, qui s'est fait de l'incertitude non un supplice, mais un amusement. Il tourne dans une série de cercles vicieux, qu'il se crée comme à plaisir :

Ceu quondam torto volitans sub verbere turbo,
Curvatis fertur spatiis.....

Chez l'un, le principe de contradiction aboutit à l'humiliation et à la foi ; chez l'autre, il n'engendre que doute et négation.

Cependant Bayle a de temps à autre des retours soudains, des aveux étranges, devant lesquels la critique a hésité. Sur certains points, il semble admettre l'existence d'une vérité absolue ; sur d'autres, il la rejette. Aussi s'est-on demandé s'il était complétement sceptique. M. Damiron (1) pense qu'il faut l'appeler plutôt un *incertain*. Cet euphémisme, si indulgent qu'il soit, ne saurait aboutir qu'à désigner un genre de scepticisme particulier. Le fait est vrai, du reste : chez lui, le doute n'a rien de systématique, du moins en apparence ; il se produit capricieusement, avance, recule, se retourne parfois contre lui-même. Certes, il y a loin de cette al-

____

(1) Mém. de l'Acad. des sc. mor. et pol., ann. 1849.

lure indécise à la marche hardie et géométrique du scepticisme allemand. Hegel et ses disciples ont une foi immense dans les opérations de la raison pure : à force d'être conséquents dans leurs doutes et leurs négations, ils reviennent presque au dogmatisme. Bayle est un pyrrhonien, qui ne croit pas même au pyrrhonisme, qui s'en moque au besoin, qui le prend ou le laisse, comme un instrument de circonstance. En réalité, il ne doute pas un instant de l'existence des corps, du mouvement, de la liberté, de la morale, etc.; mais il veut prouver qu'il est impossible de les définir et de les démontrer à l'aide de la raison. Ne voir en lui qu'un incertain serait donc, à notre avis, en faire un sceptique trop ingénu : peut-être serait-il plus exact de dire qu'il est, avant tout, *contradicteur*. Son but est de ruiner ou d'ébranler l'affirmation, en quelque lieu et sous quelque forme qu'elle se présente : voilà pourquoi il raille et combat les pyrrhoniens eux-mêmes, à ce seul titre qu'ils ont la prétention de posséder une doctrine. Or, toute doctrine, même négative, est une sorte d'affirmation.

Parmi ces contradictions sans nombre dont fourmillent ses œuvres, la plupart sont préméditées et développées avec un soin particulier. Le but de l'auteur est évident : il veut montrer que deux opinions contraires peuvent également se soutenir, et tirer de là une obligation de tolérance et de modestie pour toutes les sectes. Mais parfois aussi ces contradictions sont involontaires, ou tiennent aux défauts naturels de son esprit. Lui-même s'est chargé de nous les expliquer avec franchise, sans phrases ambitieuses, sans théorie systématique. Sa confession est éparse çà et là dans ses œuvres : il suffit de la recueillir.

Elles viennent d'abord, selon lui, d'une certaine force d'imagination, qui fait qu'on exagère les choses, et qu'on est réduit à démentir ensuite ce que l'on avait avancé. Lui-même en donne l'exemple dans son plaidoyer en faveur de l'athéisme; il hésite, tergiverse, efface, et finit par se contredire.

Joignez - y ce fonds d'irrésolution naturelle à tout homme doué d'une science étendue, d'une âme pacifique et d'un caractère indépendant. « (1) Un tel homme ne trouve guère que le fort soit tout d'un côté : il découvre un fort et un faible dans chaque parti ; il comprend tout ce qu'il y a de spécieux dans les objections de ses adversaires ; il fait, dis — je, toutes ces choses, pourvu qu'il ne soit pas d'*un tempérament bilieux*. » Car, avec de la bile, de l'orgueil et de l'entêtement, on est facilement amené à une foi exclusive et tyrannique, témoin Jurieu, que Bayle dépeint indirectement sans le nommer. Cet aveu, échappé à l'auteur du Dictionnaire, nous explique parfaitement ses hésitations et ses démentis perpétuels. Son grand malheur, en effet, c'est de voir presque toujours les objets sous une double face, sans savoir où s'arrêter. Il est un peu comme les gens qui, à force d'avoir abusé de leurs yeux, finissent par être atteints de dyopie ; seulement, il se montre ici trop indulgent pour ses défauts. Ce qu'il appelle force nous paraît tout simplement faiblesse, étourderie d'un esprit incapable de se concentrer sur un seul point. Quoi qu'il en dise, l'exemple de Leibnitz, son correspondant, prouve qu'un grand génie, soutenu d'un grand savoir,

---

(1) Dict. hist. et crit., art. Mélanchton.

n'est pas fatalement condamné à errer sans cesse à la recherche de la vérité, et que, sans trop de bile, d'orgueil ni d'entêtement, on peut arriver à ce repos si désirable que l'esprit trouve dans la certitude des connaissances.

Une autre raison que Bayle invoque, et que nous devons accepter volontiers, surtout pour lui, c'est l'absence de mémoire. Ignorant (1) ce qu'il allait dire le lendemain, il oubliait bien souvent ce qu'il avait dit la veille. Il lui arrivait, comme à Montaigne, de prendre au sérieux la thèse qu'il se proposait de réfuter. «Maintes fois, comme il m'advient de faire volontiers, ayant pris pour carrière et ébat à maintenir une contraire opinion à la mienne, mon esprit, s'appliquant et tournant de ce côté-là, m'y attache si bien, que je ne trouve plus la raison de mon premier avis et m'en dépars.»

Enfin, l'habitude de discuter et de contredire devient, au bout d'un certain temps, un besoin et une passion : c'est là, selon la remarque de Warburton, le grand danger de ce plaisir qu'on trouve dans l'exercice purement académique de l'esprit. Bayle dispute trop souvent comme certaines gens jouent aux échecs : il tient à gagner la partie, par amour-propre de joueur, beaucoup plus que dans l'intérêt de ses convictions. Leibnitz connaissait bien ce travers lorsqu'il disait : «Le vrai moyen de faire écrire utilement M. Bayle, ce serait de l'attaquer (en apparence) lorsqu'il dit de bonnes choses et vraies : car ce serait le moyen de le piquer pour conti-

____

(1) « Je trouve que je donne pas mal dans le défaut de Montaigne, qui est de savoir quelquefois ce que je dis, mais non jamais ce que je vais dire.» (Lett. à M. Minutoli, 31 janv. 1673.)

nuer ; au lieu qu'il ne faudrait point l'attaquer quand il en dit de mauvaises, car cela l'engagera à en dire d'autres aussi mauvaises pour soutenir les premières, *ne perpluant* (1). »

Avec son sens droit d'honnète homme et de philosophe convaincu, Leibnitz blàmait ces amusements d'esprit, que Bayle prolongeait sans remords. Tout en avouant ses sympathies et son estime pour l'auteur du Dictionnaire, il regrettait vivement qu'il n'eùt pas employé les ressources infinies de sa dialectique à établir des vérités, plutôtqu'à rechercher les applaudissements des libertins. « Ses libraires, écrivait-il à M. Bierlingius, auraient moins gagné d'argent; mais il en eùt retiré plus de gloire solide et de vraie tranquillité. » (1) — La seule réponse qu'on puisse opposer à ces paroles d'ailleurs si sensées de Leibnitz, c'est que tout dogmatisme répugnait à la nature de Bayle, c'est qu'il était né pour combattre, disputer et contredire. Aussi la gloire des génies créateurs ne fut pas la sienne ; il a été l'homme d'un jour, d'une bataille. Mais il eut l'esprit de comprendre et d'accepter son rôle : il ne s'exagéra jamais la valeur de ses écrits. Dans une lettre à M. Sylvestre il dit, en parlant du Dictionnaire : « Je n'ai jamais écrit ni ne prétends écrire à l'avenir pour acquérir le titre de bon auteur, ne le trouvant pas digne d'être souhaité. » A chaque instant il répète : « Je ne serai jamais profond..... Je suis un auteur sans conséquence. » Peut-être y aurait-il moins de profondeur à ne pas le dire si

---

(1) Leibnitz, op., t. 6, p. 175.
(2) Leibnitz, op., t. 5, p. 354.

souvent, mais il faut pourtant l'en croire un peu sur
parole. L'un de ses plus ardents admirateurs, Voltaire, porte sur lui le même jugement ; il l'appelle
dialecticien admirable plutôt que profond philosophe.
En effet, la profondeur suppose fixité et concentration
des forces sur un même point ; elle est le propre des esprits puissants et convaincus, de ceux qui, comme Descartes et Newton, creusent pour jeter les bases d'une
science ou d'un système complet. L'instrument de Bayle,
c'est la dialectique légère, flexible, destructive et vagabonde. Il est, avant tout, disputeur et chercheur de
contradictions, raisonneur plutôt que philosophe.

Un écrivain qui faisait si bon marché de ses idées
offrait une large prise aux attaques de ses ennemis.
Ceux-ci profitèrent de ses aveux pour lui contester sa
science, ne pouvant lui disputer son esprit. Leclerc,
battu dans la discussion, se venge en écrivant que
« toutes les lumières philosophiques de M. Bayle con-
sistaient en quelque peu de péripatétisme, qu'il avait
appris chez les jésuites de Toulouse, et un peu de cartésianisme, qu'il n'avait jamais approfondi. » Si ennemi
qu'on soit d'un homme, on est tenu d'être juste. Or Leclerc ne l'a point été. On ne peut nier que Bayle a fait
preuve d'une science étendue, quoique superficielle,
dans cette rapide revue de tous les systèmes ; seulement, il se contente d'en faire le tour : la vivacité de
l'imagination l'emporte ; il a construit sa réfutation
avant d'avoir étudié à fond la doctrine. Il devine souvent, mais il devine juste, car il a du critique deux
qualités précieuses : le tact et l'intuition.

Ce qui manque à cette philosophie encore plus que

la profondeur, c'est le sentiment de sa propre efficacité. En général, les libres penseurs du XVIIIe siècle ont cru que la raison pouvait suffire au gouvernement du genre humain. Ils saluent d'avance le jour où le flambeau de la Vérité aura fait disparaître ce qu'on appelait alors les erreurs et les superstitions du vieux monde. Bayle ne partage pas ces illusions ni ces espérances. Le règne de la raison est à ses yeux une utopie ridicule, et qui deviendrait désastreuse, si elle se réalisait jamais. La philosophie n'est qu'un amusement, incapable d'aider ou de supplanter la religion. Aussi ces prétendus jeux d'esprit sans conséquence, pour lesquels il réclame une liberté illimitée, ne conviennent-ils pas à tout le monde. Par prudence, et peut-être aussi par honnêteté, il croit que ces discussions, qui mènent au pyrrhonisme, doivent être réservées à un petit nombre d'initiés, gens de loisir et de cabinet. De pareilles questions ne sont de la compétence ni du peuple ni des femmes. « (1) Les esprits vulgaires se perdraient dans cet abîme, s'ils essayaient de le sonder... Si les femmes continuent à étudier et à faire des livres, il est à craindre qu'elles ne tournent du *roman au raisonnement*, et qu'elles ne donnent tête baissée dans le libertinage de religion (2). » Bayle prêche l'indifférence *comme vertu politique;* mais, s'il veut que le remède profite à tous sans distinction, il ne veut pas que tous aillent le chercher à leurs risques et périls. Il demande qu'on puisse disputer à son aise sur toute espèce de sujets, mais entre gens faits pour

____

(1) Rép. aux quest. d'un provincial, 2e part., ch. 112.
(2) Lett. à M..... Rotterdam, 13 mai 1697.

se comprendre. Il déclare bien haut qu'il n'y a pas de prescription contre la vérité, mais il faut prendre garde qu'elle ne devienne une cause de désordre dans les familles et les sociétés. « Lorsque les circonstances des temps et des lieux ne souffrent pas que l'on propose de nouveautés vraies, tant qu'il vous plaira, sans causer mille désordres dans les universités, dans les familles, dans toute la république, il vaut cent fois mieux laisser les choses comme elles sont, que d'entreprendre la réforme (1). » — Que le peuple travaille, vive et meure dans la foi de ses pères, *sans pourtant y être contraint;* que les femmes élèvent leurs enfants, aillent au sermon, et ne se mêlent ni d'écrire ni de raisonner; que les savants puissent discuter, enseigner, publier leurs opinions, sans être inquiétés; que les gouvernements administrent les affaires civiles, sans opprimer les consciences, là s'arrêtent ses vœux de libre penseur et de philosophe.

---

(1) Dict. hist. et crit., art. **Arminius.**

CHAPITRE VI.

SCEPTICISME HISTORIQUE.

Importance du scepticisme historique. — Critique générale de l'histoire du cal-
vinisme. — Dictionnaire. — Incertitude de la tradition. — Livres saints. —
Temps anciens. — Temps modernes. — Mouvement critique provoqué par
Bayle.

Le scepticisme envahissant l'histoire, discutant la
valeur des témoignages, révisant les arrêts de la postérité, et troublant dans la paisible possession de leur
gloire les saints et les héros du passé, n'est pas seulement un événement scientifique, mais un fait moral de
la plus haute portée. C'est à ce point de vue qu'il faut se
placer pour comprendre l'influence et le succès du Dictionnaire. L'histoire établit la suite des traditions. A ce
titre, elle est une des parties les plus importantes de
l'enseignement, une des forces les plus actives dont
dispose l'esprit humain pour conserver une société ou
en hâter la ruine. Euripide, et après lui Lucien, en alté-
rant ou en ridiculisant les vieilles légendes de la Grèce,
bouleversent l'éducation nationale. L'Essai sur les mœurs
de Voltaire est peut-être l'ouvrage le plus hardi du
XVIIIe siècle. Aussi, dans l'ancienne Rome, l'histoire
resta-t-elle le privilége exclusif des patriciens. Les livres
des pontifes étaient soigneusement fermés aux yeux de

la foule (1) ; on eût craint qu'il n'en sortît tôt ou tard une révolution. Dans tous les gouvernements qui aspirent à l'immobilité, les mêmes précautions se reproduisent. Rien de plus logique, car la discussion du passé amène celle du présent. A mesure que l'interprétation des faits, même les plus reculés, se modifie chez un peuple, on peut affirmer que les idées et les croyances de ce peuple subissent une pareille transformation.

Quel est donc le caractère de l'histoire au XVIIe siècle ? Elle est, comme le siècle lui-même, profondément dogmatique. Les travaux isolés de quelques érudits ne changent rien au caractère général dont nous parlons. Sur les temps anciens, on ne songe guère à contester l'autorité de la Bible, de Josèphe, d'Hérodote ou de Tite-Live. Sur les temps modernes, chaque parti a ses traditions plus ou moins exactes, qu'il accepte avec ses préjugés et ses passions héréditaires. Les catholiques disent tout le mal possible des protestants et des autres sectes dissidentes ; les protestants rendent la pareille aux catholiques. Mézeray, qui s'était signalé par les mazarinades et qui resta frondeur toute sa vie, garde rancune à Colbert de sa pension supprimée, et, tout honnête homme qu'il est, annonce l'intention de s'en venger un jour en écrivant.

L'histoire, qui a cessé d'être une chronique, est encore une œuvre oratoire avant tout. Bossuet intitule son ouvrage si original et si profond : *Discours sur l'histoire universelle*. Bien dire, et souvent embellir les faits

____

(1) « Si non ad fastos, non ad commentarios pontificum admittimur, ne ea quidem scimus quæ omnes peregrini etiam sciunt, etc.» (Apud Tit. Liv., lib. 4. Orat. Canuleii ad Plebem.)

est pour les écrivains d'alors, comme pour Tite-Live et Plutarque, la première loi du récit. Louis XIV choisit pour historiographes deux poètes, les deux maîtres de la langue, Racine et Boileau, l'auteur du Passage du Rhin et de l'ode sur la prise de Namur, deux pièces à coup sûr peu historiques. La critique proprement dite, l'étude comparée des documents contemporains et contradictoires, telle que l'avait conçue Bacon dans sa méthode, telle qu'elle a été appliquée de nos jours avec succès, n'existe pas encore.

Cependant l'histoire tend à entrer dans une voie nouvelle : elle devient un instrument de polémique : Bossuet compose son livre *Des variations des Églises protestantes.* Quoique le but de cet ouvrage soit surtout théologique, son importance historique est incontestable. De cette controverse sur les faits et les hommes du passé naîtra nécessairement un premier essai de critique ; mais les partis sont trop animés, pour qu'une analyse calme, impartiale, soit possible à Bossuet ou à Jurieu. Bayle, étranger par tempérament à ces excès de zèle, qu'il regrettait si fort dans saint Augustin, se trouve cette fois encore entre les deux camps. Déjà, dans ses Pensées sur les comètes, attaquant les superstitions en général, il avait signalé particulièrement celles des historiens. Il s'était promis de revenir sur ce sujet : il tint parole. L'année suivante (1682), il publiait sa Critique générale de l'Histoire du calvinisme, par le P. Maimbourg. Cet ouvrage parut sous forme de lettres (1). —

---

(1) Ce fut aussi la forme qu'adopta de nos jours un grand historien, au début de sa carrière, M. Augustin Thierry, l'auteur des **Lettres sur l'histoire de France.**

Le P. Maimbourg, ex-jésuite, fin courtisan, tout dévoué à la politique de Louis XIV, qu'il avait préféré même à son ordre et au pape, s'était moins proposé d'écrire une histoire qu'une satire. Le vent tournait contre les huguenots : il n'avait donc cherché là qu'une thèse pour diffamer un parti qu'on allait bientôt proscrire. Son livre, inspiré et payé par la cour, était un appel fait aux vieilles haines, une tentative sur l'opinion, qu'on voulait préparer tout doucement aux rigueurs de la révocation. L'effet prévu arriva : l'ouvrage, agréé du roi, le fut aussi du public, qui s'était amusé déjà des satires de Maimbourg contre les jansénistes dans son Histoire de l'Arianisme, et de ses hardiesses gallicanes dans celle des Iconoclastes. Bayle vit le coup, comprit qu'il n'y avait pas de temps à perdre, et riposta avec la rapidité d'un homme déjà rompu au métier de la polémique. En quinze jours, il avait réuni ses documents, composé, rédigé et porté lui-même aux libraires d'Amsterdam sa réponse, qui arriva bientôt en France. Cette critique vint brusquement interrompre, comme un coup de foudre, le triomphe de Maimbourg. Sans violence, sans emportement, tout en rendant justice aux qualités de son adversaire, aux agréments de son style, à la vivacité de son esprit, au brillant de son imagination, avec les seules armes d'une ironie contenue, d'une gaîté intarissable, d'un scepticisme égal pour tous, Bayle mettait en pièces et l'histoire et l'historien. Le succès de cet ouvrage fut immense, même parmi les catholiques. Maimbourg y contribua, en provoquant les rigueurs de l'autorité. Cependant l'auteur était resté caché sous l'anonyme : on fut deux ans sans le connaître. A cette époque, Bayle publia une nouvelle série de lettres ; mais le premier feu était jeté , le combat fini, Maimbourg châtié. Cette seconde partie , plus agressive et plus philosophique, n'obtint pas le succès de la première , malgré l'éclat de quelques morceaux, et notamment de cette fameuse Lettre sur la Conscience Errante , dont nous avons déjà parlé.

Considéré à distance et dégagé du mérite de l'à-propos, le livre de Bayle n'est remarquable ni par la profondeur, ni par l'étendue des recherches ; mais il y règne un certain ton vif et alerte, un esprit d'indépendance qui sied bien à la critique, enfin une connaissance générale des écrivains catholiques et protestants du XVI⁰ et du XVII⁰ siècle. C'est une œuvre mixte comme les Pensées sur les comètes, traitant un peu de tout, de philosophie, de théologie, de politique, d'histoire. Cependant l'élément historique domine, et intervient sans cesse dans la discussion.

Ce premier essai de critique est loin encore d'une complète impartialité. En présence des calomnies et des persécutions qui pesaient sur les réformés, à la veille de la révocation de l'édit de Nantes, et de plus ayant à répondre aux diatribes du P. Maimbourg, si indifférent que fût Bayle , il lui était difficile de se tenir en garde contre toute passion ; il laisse donc visiblement pencher la balance du côté des protestants. Il plaide la cause de Calvin, tout en blâmant comme une grande faute le supplice de Servet (1) ; il défend la traduction française des

____

(1) « Le supplice de Servet est une action hautement désapprouvée par les protestants, et, pour un qui l'excuse, je suis sûr qu'il y

psaumes et la religion de Marot, tout en abandonnant ses mœurs à la critique ; il réclame contre le silence de Maimbourg en faveur du prince de Condé, personnage doué des plus grandes qualités, malgré ses intrigues galantes. D'un autre côté, il traite sévèrement Marie Stuart, dont les catholiques ont fait une sainte et une martyre, *et que ses impudicités poussèrent aux plus grands crimes ;* il ne ménage ni le duc de Montpensier, dévot brutal et cruel, que le P. Maimbourg a l'audace de comparer à saint Louis ; ni les Guise, ni les Ligueurs, rebelles à *leur souverain légitime, et néanmoins bons catholiques* ; mais il y a toujours dans ses blâmes et ses éloges un certain fond de modération, qui contraste avec le ton enthousiaste ou haineux des écrivains des deux partis.

Bayle instruit de nouveau ce grand procès, qui s'agite depuis un siècle et demi entre Rome et Genève. Ce qui semble le plus original dans sa méthode, c'est le parti qu'il sait tirer des écrivains catholiques : il leur surprend des aveux dont il se fait une arme contre l'Église. Là, comme en philosophie, il s'amuse à réfuter ses adversaires par leurs propres arguments. La Réponse au P. Maimbourg n'est pas seulement une œuvre de circonstance, ni la revanche d'un parti ; c'est le premier appel d'un esprit indépendant qui cherche à s'affranchir des haines et des préjugés traditionnels, qui proclame la nécessité d'élever la critique historique au dessus de toutes les coteries et de toutes les cabales, qui, pour

---

en a mille parmi nous qui la condamnent. (Crit. de l'Hist. du calv., lett. 23, 3ᵉ part.)

renverser des mensonges accrédités depuis des siècles, ne craint pas d'ébranler la certitude des faits et l'inviolabilité des réputations les mieux établies.

Ce plan allait être appliqué bientôt, d'une manière plus large et plus hardie, à la revue entière du passé. La grande œuvre critique de Bayle, celle qui prépare dans la science une véritable révolution, c'est le *Dictionnaire*. Bayle apportait là un esprit nouveau, le même qui avait présidé à la rédaction des Pensées sur les comètes et du Commentaire philosophique. Il embrassait à la fois l'histoire des hommes et des idées, des partis et des systèmes, opposant ici les arguments, là les témoignages, mêlant le vrai et le faux, les chroniques scandaleuses et les récits édifiants, démentant un fait par une date, une date par une citation géographique (1), et faisant jouer partout, sous mille formes diverses, son éternel principe de contradiction.

Nous l'avons vu tour à tour battre en brèche le double fondement du dogmatisme religieux et philosophique, l'Autorité et la Raison; en histoire il s'attaque à la Tradition : « Un tel fait est-il vrai? Les uns le nient, les autres l'affirment : c'est ce qu'il y a de certain. Pour le reste, la vérité n'est guère moins le désespoir de l'histoire que celui de la philosophie. » D'où vient donc cette incertitude? Elle tient à la nature même des choses et aux passions de l'homme. Le monde des faits, comme celui des idées et des corps, est plein de mirages, d'obscurités et de tromperies. Les jeux de la perspective varient à l'infini, et changent les couleurs de l'histoire. La

____

(1) V. Dict., art. Babylone, Lemnos, Tanaquil, etc.

postérité voit les acteurs en scène, avec leur costume
d'apparat ou de convention, mais elle n'est as dans les
coulisses, et ignore le secret de la comédie. La vérité, si
difficile à trouver par elle-même, est encore travestie
par nos passions. Chaque parti, chaque peuple, veut
avoir raison, l'histoire aussi bien que l'épée à la main.
La victoire est incertaine; on chante un *Te Deum* de
chaque côté, et les historiens des deux partis ne man-
quent pas d'enregistrer dans leurs ouvrages un éclatant
triomphe à la gloire de leur nation. C'est ainsi que se
forme ce tissu de fables convenues, qu'on appelle Annales
des républiques ou des monarchies. « (1) On accom-
mode l'histoire à peu près comme les viandes dans une
cuisine; chaque nation les apprête à sa manière, de
sorte que la même chose est mise en autant de ragoûts
différents qu'il y a de pays au monde. » Varillas habille
tous les faits à la romaine; Sandoval, l'historien de
Charles-Quint, prétend que les Espagnols, vainqueurs à
Cerisolles, se rendent au général français par suite d'un
malentendu. Aux préjugés de secte et de patrie viennent se joindre les petits intérêts personnels de l'écrivain, la manie de flatter ou de dénigrer. « (2) Vous
n'aurez point de peine à comprendre qu'il ne doit y
avoir guère de bonne foi dans les histoires du P. Maimbourg, excepté peut-être dans les choses qui n'ont aucun rapport ni aux desseins de la France, ni aux jan-
sénites, ni aux calvinistes, ni aux autres passions de ce
monsieur-là. » Les témoignages en histoire sont comme

---

(1) Nouv. de la rép. des lett., 1686.
(2) Crit. de l'Hist. gén. du calv., 1re part., lett. 5.

les arguments en philosophie, presque tous sujets à la rétorsion. Protestants et catholiques se réfutent à chaque instant.

Quelque part qu'on aille la chercher, l'autorité de la tradition est impossible à établir. S'en rapportera-t-on aux histoires écrites? Elles sont le plus souvent l'œuvre des flatteurs, des envieux ou des ennemis. Aux monuments? aux médailles? aux colonnes? aux arcs de triomphe? Mensonge encore que tout cela! Les inscriptions fastueuses des conquérants, les titres magnifiques inscrits sur le marbre et l'airain, ne prouvent qu'une chose bien certaine, la folle vanité des uns et la basse servilité des autres. En croira-t-on les traditions orales et ces rumeurs dont Tacite s'est peut-être trop souvenu? Mais qui ne sait de quels contes se repaît le vulgaire? Une merveille absurde, une satire sanglante, est sûre d'obtenir les honneurs de la publicité. Les faiseurs de nouvelles enchérissent tous les uns sur les autres. Le premier se contente d'un *On dit*, le second avance un *On tient;* le dernier est toujours le mieux informé. Quels bruits n'a-t-on pas fait courir sur l'hérésie de Charles-Quint vers la fin de sa vie, sur le prétendu serment prêté au Grand-Turc par François Ier, sur les infamies de Henri III (1), sur les cruautés de Richelieu? Que n'a-t-on pas dit de Luther, de Calvin, de saint Dominique, de Jacques Clément, de la duchesse de Montpensier et de tant d'autres? Bayle s'amuse à ramasser çà et là toute ces fables, pour montrer l'incertitude et l'absurdité

---

(1) Dict., art. Henri III, Louis XIII, etc. — *Ibid.*, art. Périclès, **sur les** médisances des poètes.

dc la tradition populaire. « Je crois qu'on peut dire qu'il est certain que c'est une chose très incertaine (1). » Les dépositions mêmes des mourants ne sauraient fournir une preuve suffisante. A cette heure suprême, quoi qu'en dise Lucrèce, bien des gens gardent encore leur masque ; la vanité, la peur, l'idée de servir une cause, font souvent dire des mensonges. Ainsi, dans cette fameuse conspiration des poudres dénoncée par Titus Oates, un certain nombre de témoins et d'accusés ont attesté à leurs derniers moments, les uns qu'il existait un complot, les autres qu'il n'en existait point. Il faut nécessairement qu'il y ait eu d'un côté ou de l'autre de fausses dépositons. Auxquelles croire ? On n'en sait rien. Le plus sage parti, pour l'historien comme pour le philosophe, est donc de suspendre son jugement et de s'en tenir au doute absolu. « Dispute là-dessus qui voudra ; *moi, je veux être pyrrhonien* (2) : je n'affirme ni l'un ni l'autre. » Voltaire a dit en parlant de Bayle : « Il est l'avocat général des philosophes, mais ne pose jamais ses conclusions. » En histoire, on peut dire qu'il est l'avocat général de tous les partis ; il rédige tour à tour le réquisitoire et le plaidoyer, mais sans en tirer les conséquences (3). Provisoirement, il se contente d'assembler les nuages, et laisse au lecteur le soin de prononcer, s'il peut, le *fiat lux.*

Ses incertitudes sur les faits se reproduisent lorsqu'il s'agit d'en expliquer les causes. L'histoire ne se borne

----

(1) **Dict.**, art. Carranza.
(2) **Crit. gén.** de l'Hist. du calv., 1re part., lett. 1re.
(3) **V.**, dans le Dict., le double plaidoyer pour et contre le maréchal de **Marillac**.

pas à enregistrer les événements; elle doit encore en
rendre compte. L'étude des causes est aussi importante
pour elle que celle des lois en physique; c'est par là
qu'elle devient réellement une science et un enseignement moral. Ainsi, dans Hérodote, une idée genérale domine tout le récit, celle de la fatalité; elle est comme
le pivot sur lequel roulent les destinées de l'humanité.
Dans Salluste, ce sera la lutte des patriciens et des plé-
béiens; dans Tite-Live, la marche conquérante et civili-
satrice de Rome à travers le monde; dans Tacite, les
profondeurs et les mensonges de la politique impériale;
dans tel historien moderne, le principe de liberté se dé-
veloppant d'âge en âge; dans Bossuet, la Providence
menant les peuples par la main, suscitant les conquérants, les bourreaux et les victimes, élevant ou renver-
sant les empires pour l'accomplissement de ses desseins.
Cette dernière idée est commune alors aux écrivains religieux des deux partis : chacun revendique pour soi,
dans le passé comme dans le présent, l'appui de la divinité. Bayle soupçonne qu'elle pourrait bien n'être ni
avec les uns ni avec les autres : « Pour bien connaître
la fausseté de ce lieu commun, il ne faut que prendre
garde que toutes les sectes s'en servent, et, s'il m'est
permis de parler ainsi, que c'est une selle à tous chevaux (1). » Esprit contradicteur, il a horreur du lieu
commun, et s'en éloigne d'autant plus que tout le
monde s'y rattache. Homme positif, il croit peu au merveilleux, surtout en histoire. Cette manière d'appeler la
Providence pour en faire la complice des misères ou des

______

(1) Dict., art. Milletière.

ambitions humaines lui paraît une puérilité et presque un sacrilége.

S'il croit peu aux desseins de Dieu en histoire, du moins croira-t-il à ceux des hommes ? Oui, sans doute, mais encore dans une certaine mesure. Par orgueil ou par crédulité, les hommes ont souvent exagéré les profondeurs de la politique. Les historiens ont prêté leurs conceptions aux chefs d'États et aux ministres. Il n'y a ni tant de génie, ni tant de calcul, dans ce qui se fait icibas. Les passions humaines jouent le principal rôle, et, parmi elles, les plus légères et les plus folles. Le caprice d'une coquette amène la guerre de Troie ; une aventure galante attire Bonnivet et l'armée française à sa suite au delà des Alpes. Et voilà l'origine d'une expédition en Italie, des batailles de Marignan et de Pavie! Bayle appartient à cette école historique qui va chercher volontiers *les grands effets dans les petites causes*, qui fait naître de la chute d'un verre d'eau celle d'un ministère. Il y a dans cette manière de considérer les faits quelque chose d'imprévu et de risqué qui prête au paradoxe, et qui devait séduire un esprit toujours disposé au doute et à l'ironie. Néanmoins, avec ce bon sens qui ne l'abandonne jamais, il prévoit les dangers d'une pareille méthode, et ne veut pas qu'on transforme l'histoire en roman. Il relève les médisances et les mensonges des faiseurs de mémoires (1). Par exemple, il blâme cette bizarre imagination de Guy Patin, qui attribue la mort du jeune de Thou à un passage contenu dans l'histoire

---

(1) Dict. hist. et crit., art. Louis XIII. — Mensonges contenus dans les Mém. d'Artagnan.

de son aïeul, où il est dit, à propos du grand-père de Richelieu, qu'on l'appelait vulgairement Le Moine.

Bayle se pique surtout de ramener les personnages historiques à leurs véritables proportions, de renverser ces monstres et ces idoles qu'ont élevés les superstitions de la haine ou de l'admiration. En général, il est aussi incrédule sur les hommes que sur les faits : « *Quelle comédie, bon Dieu! nous jouent les princes et les rois !* » Il ne faut donc pas se contenter de siffler ou d'applaudir avec les coteries et les cabales, car il y en a même dans la postérité. L'impartialité calme et raisonnée est le devoir de tout historien. « Défions-nous des satires et des flatteries, et ne nous décidons qu'après une forte discussion des faits (1)... Un historien, en tant que tel, est comme Melchisédech, sans père, sans mère, sans généalogie. Si on lui demande : D'où venez-vous? il faut qu'il réponde : « Je ne suis ni Français, ni Allemand, ni Anglais, ni Espagnol, je *suis citoyen du monde;* je ne *sers ni l'empereur, ni le roi de France,* mais je suis au *service de la vérité* (2). » Cette obligation absolue d'aller chercher dans la critique, appliquée à tous les écrivains et à tous les temps, sans acception de secte, de parti ou de nation, la base de la science historique, apparut d'abord comme une nouveauté bizarre et téméraire. Même après Bayle, en plein XVIIIᵉ siècle, au milieu de cette société si insouciante et si légère, qui applaudissait aux scandales des Lettres persanes, qui jouait avec les doctrines matéria-

---

(1) Dict. hist. et crit., art. Louis XIII. — *Ibid.,* art. Capriata.

(2) Fénelon, quelquefois si novateur et si hardi, donne les mêmes conseils dans sa lettre à l'Académie.

listes des Helvétius et des d'Holbach, Fréret était mis à la Bastille pour avoir soutenu que les premiers Francs étaient simplement des barbares. Lenglet-Dufresnoy expiait par trois ou quatre lettres de cachet l'indiscrétion qu'il avait commise, en publiant les mémoires de quelques contemporains de Charles IX et d'Henri III. Pour les hommes d'alors, formés au respect de la tradition, il y avait quelque chose de singulièrement hardi dans ces recherches sur les origines des races et des dynasties, dans cette activité curieuse qui fouillait et livrait au grand jour de la publicité les confidences intimes des grandes familles, le secret de leurs fautes et parfois de leurs crimes. « Si je parlais du maréchal de Luxembourg, disait Bayle (1), je n'omettrais point la prison de la Bastille, et *je tâcherais de percer le voile épais sous lequel on tient couvertes les procédures de la chambre de l'Arsenal contre lui.* » — Enfin ce tribunal d'appel ouvert à tous les partis, vainqueurs ou vaincus, compromettait l'autorité du passé. Il ne s'agissait pas seulement d'un Luxembourg, d'un Marillac, à condamner ou à réhabiliter, mais de toutes les causes proscrites, flétries par l'Eglise et la politique, Albigeois, Vaudois, Protestants, Anabaptistes, qui allaient se lever sanglants de l'échafaud et du bûcher, pour réclamer contre les sentences de leurs juges; il s'agissait des princes, des rois, des pontifes, de tous les grands acteurs qui avaient occupé la scène du monde, et qui pouvaient être dégradés par les mains de l'histoire, comme si ce n'était pas assez de l'humiliante égalité de

---

(1) Avert. sur la 2e éd . du Dict.

la mort. Les troupes célestes elles-mêmes n'étaient point à l'abri de cette révision. « (1) Les faux saints, s'écriait Bayle, ne se sont pas moins multipliés que les faux nobles. Il faudrait que le clergé nommât des commissaires aussi rigides que *Boisseau*, pour examiner les titres et les lettres de sainteté. »

Avec de pareils instincts, la critique, si impartiale qu'elle soit, est exposée à des témérités inévitables. Quand on veut tout savoir, tout creuser, tout analyser, on court risque de découvrir bien des misères. Bayle incline trop volontiers vers ce côté indiscret et médisant; il est souvent irrévérencieux pour des noms qu'il eût dû respecter. Mais est-ce à dire pour cela que son Dictionnaire soit, comme l'a prétendu le P. Le Fèvre, un recueil de libelles diffamatoires in-folio? Non. Bayle, même avec ses abus de critique, est encore plus équitable que la plupart des historiens du XVIIe siècle, surtout quand il arrive aux temps modernes. Un philosophe écossais, connu par sa modération et sa bonne foi, Dugald Stewart lui rend ce témoignage : « (2) De toutes les leçons de scepticisme données par Bayle, aucune n'est plus précieuse, surtout dans des temps de révolution, comme ceux où nous vivons, que celle qui est relative aux portraits biographiques des personnes distinguées tracés par leurs adversaires théologiques ou politiques. » Seulement, il s'est permis trop souvent des libertés de récit que réprouvent la gravité de l'histoire et la morale, plus respectable encore que la vérité.

---

(1) Dict. hist. et crit., art. Jean de Launoi.
(2) Dugald Stewart, Hist. de la philos.

Antiquité sacrée.

Le premier monument de la tradition que Bayle trouvât en face de lui était l'Ecriture-Sainte. Toute critique, toute innovation en pareille matière, était pleine de périls. Dès les premièrs siècles de l'Eglise, saint Jérôme lui-même, annonçant l'intention de travailler à une nouvelle version de la Bible, avait alarmé un moment toute la chrétienté. Quelques années avant la publication du Dictionnaire, un prètre de l'Oratoire, le P. Simon, esprit inquiet et curieux, s'était permis de publier une histoire critique de l'Ancien et du Nouveau Testament. L'ouvrage, interdit en France, avait attiré sur son auteur les foudres d'Arnauld et de Bossuet. Malgré son désir bien arrêté de contester toute espèce de témoignages, Bayle comprit qu'il ne pouvait mettre en doute une seule ligne de l'Ecriture sans nier l'inspiration divine, et sans ébranler, du même coup, les fondements du christianisme. « En ruinant la divinité de l'Ecriture, on renverse toute la révélation, en suite de quoi tout n'est que dispute de philosophes (1) ». Fidèle à ses habitudes de prudence, il commence par déclarer qu'il accepte le texte sacré les yeux fermés ; il le prend comme venant des mains de Dieu. Cette déclaration une fois posée, il réclame, au nom de l'histoire, les mêmes priviléges qu'il revendiquait ailleurs au nom de la philosophie. Il s'attaque aux gloses, aux commentaires du texte, comme il s'attaquait aux preuves des dogmes,

____

(1) Dict. hist., art. Socin.

tout en respectant les dogmes eux-mêmes. Sa tactique ressemble à celle d'une armée, qui, n'osant assiéger une ville sainte, se contenterait de ravager, de brûler et de piller les environs. Il discute longuement les hypothèses des rabbins, des Pères de l'Eglise et des théologiens, pour expliquer et compléter le sens du livre divin ; il s'en prend aux traditions secondaires venues d'une autre source, et qui se confondent dans l'esprit de beaucoup de gens avec les récits de l'Ancien et du Nouveau Testament, comme les superstitions avec la religion véritable ; il fait ressortir et blâme, avec une indignation qui n'est malheureusement pas toujours assez sérieuse, les témérités de Suidas, de Josèphe, de Philon, qui ont osé se mettre en opposition avec la Bible. Hors du texte sacré, il ne voit que des contes invraisemblables ou ridicules. « (1) Un homme (Josèphe) qui faisait profession ouverte de judaïsme, dont la foi était fondée sur la divinité de l'Ecriture, ose raconter les choses autrement qu'il ne les lit dans la Genèse. »

Son respect pour l'Ecriture ne l'empêche cependant point de mettre en relief les contre-sens des traducteurs (2), les transpositions probables des versets, les lacunes ou les contradictions apparentes du récit original. Ces inconséquences, dans Thucydide et Tacite, feraient douter de l'exactitude et de la bonne foi de l'historien ; mais sur l'Ecriture, un tel soupçon serait injurieux. Le désordre même de la narration prouve qu'une main humaine ne l'a point composée. Les traces

---

(1) Dict. hist. et crit., art. **Abimélech**.
(2) V. Dict. et hist. et crit., art. **Elie**.

d’inspiration sont évidentes ; on voit que cette histoire a été écrite pour être crue plutôt que pour être discutée. « De la manière que Moïse raconte la tentation , il paraît bien que son intention n’a pas été que nous sussions comment l’affaire s’était passée, et cela seul doit persuader à toute personne raisonnable que la plume de Moïse. a été sous la direction particulière du Saint-Esprit (1). »

Le meilleur parti est donc de s’en rapporter aux écrivains inspirés, et de leur dire, comme autrefois les poètes aux Muses :

> Et meministis enim Divæ, et memorare potestis.
> Ad nos vix tenuis famæ perlabitur aura (2).

Après cette sage déclaration , il n’en continue pas moins à faire courir sa critique légère et indiscrète autour du texte sacré. Ce ne sont pas des attaques directes, mais des demi-mots , des insinuations malicieuses, des réflexions graves ou plaisantes, des comparaisons perfides, où il associe l’erreur et la vérité. S’agit-il du miracle de Jonas ? Il ne songe pas à le contester ; seulement il fait remarquer que les païens ont volé cette légende à la Bible, et ont raconté la même chose de leur Hercule, qui passa trois jours dans le ventre d’un poisson, et en sortit n’ayant perdu que les cheveux. Il ajoute que ce ne fut pas à Ninive, comme on l’a dit, mais à Joppé, que le prophète dut débarquer. Ailleurs, les merveilles du tombeau d’Ezéchiel lui inspirent une longue diatribe contre l’impertinence des conteurs et la crédulité du

____

(1) Nouv. de la rép. des lett., juill. 1686, art. 6,
(2) Dict., art. Eve.

genre humain ; et cet ennemi des contes ridicules s'a-
muse à ramasser tout ce qu'on a débité de plus invrai-
semblable et de plus absurde sur la figure du serpent,
sur l'arbre de la science, sur le veau d'or, sur l'instrument dont se servit Caïn pour frapper Abel, etc.!...
Toutes ces questions oiseuses, que des théologiens et
des rabbins pouvaient traiter avec conscience et respect,
même en se trompant, deviennent entre ses mains
autant de matières à plaisanterie. Il les prolonge outre
mesure, pour avoir le plaisir de les mettre en pièces.
Certes, quand Bayle nous dit qu'il faut s'en rapporter au
texte, et se moquer des révélations d'Antoinette Bourti-
gnon sur le double sexe d'Adam, et des incertitudes de
l'abbé Rupert sur son salut ; quand il critique Moreri
qui s'autorise d'un texte mal compris de Josèphe pour
affirmer que le père du genre humain était savant dans
l'astrologie, il n'a pas tort. S'il eût entrepris seulement,
avec toute la réserve obligée, de débarrasser le récit
primitif des légendes naïves ou ridicules et des halluci-
nations mystiques, pour le rétablir dans sa majestueuse
simplicité, son intention eût pu être louable ; mais il ne
s'en tient pas là. Tout en laissant intact le fond même de
l'histoire, il finit par lui donner, au moyen de notes et
de réflexions, une physionomie nouvelle. Le point de
vue auquel il se place, n'est plus celui du chrétien discret
et respectueux, mais du critique méticuleux et opiniâtre, qui, après avoir admis l'authenticité de certains
faits incontestables, se réserve le droit de les apprécier
à sa façon. A l'aide de ce procédé, il tire les personnages de ce lointain merveilleux où les avait placés la
tradition antique ; il ramène à des proportions presque

bourgeoises la vie des patriarches, des prophètes et des rois juifs ; il les juge comme des hommes de son temps, et, malgré l'impartialité dont il se pique, ses jugements portent souvent l'empreinte de l'étourderie et de la malignité, dont on use volontiers envers des contemporains. Le souvenir des luttes et des passions du jour a laissé là son reflet ; on sent trop que la Bible porte la peine de la révocation de l'édit de Nantes. « Le Targum de Jérusalem raconte qu'une dispute s'éleva entre Caïn et Abel au sujet de la Providence. Ce fut un mauvais commencement des disputes de religion (1). » Enfin, à la forme grandiose et poétique du récit divin, il substitue un récit familier, moqueur, licencieux, souvent digne d'un conte ou d'un fabliau grivois. L'histoire d'Adam et d'Eve dans le paradis, celle d'Abraham, d'Agar et de Sara, d'Aaron et du veau d'or, de Judith, de Cham et de Noé, sont racontées avec une liberté de plume qui était à la fois une nouveauté et un scandale.

Ces témérités devaient exciter un nouvel orage contre l'auteur ; il éclata enfin quand parut l'article du roi David. Il y aurait toute une longue histoire à faire sur ce fameux article, sur les avis, les jugements, les corrections, les subterfuges, les réfutations, dont il fut l'objet. Bayle, cédant aux remontrances du consistoire de Rotterdam (2), promit de le supprimer en partie dans

---

(1) Dict., art. Abel.

(2) « M. Bayle réformera entièrement l'article de David, de manière que les bonnes âmes ne pourront plus être scandalisées, comme il l'a promis ; et pour cela, il se conformera à ce que l'Ecriture-Sainte nous dit de ce grand prophète. Il doit même en faire l'apologie. » (Act. du consist. de Rotterdam contre le Dict. crit.)

la seconde édition; mais le public s'entêta de son côté, et refusa de s'abonner au Dictionnaire si l'article incriminé ne s'y trouvait tout entier. Les libraires le firent imprimer à part ; des milliers d'exemplaires furent répandus dans toute l'Europe. L'auteur laissait faire, protestant qu'on agissait sans son aveu ; en même temps, il ne négligeait aucune occasion de vanter les premières éditions en général, comme exprimant plus fidèlement la véritable pensée de l'écrivain. Il introduisait furtivement, en les rattachant à des noms moins éclatants, une partie des hardiesses condamnées dans le premier article. Cette ruse est facile à saisir à chaque page du Dictionnaire. C'est ainsi qu'il renvoie à l'article Guillemette l'histoire de la belle Sunamite; qu'ailleurs il rend aux marcionites, aux pauliciens et autres hérétiques, les arguments enlevés aux manichéens. On comprend l'irritation que devaient éprouver Jurieu et les autres ennemis de Bayle contre un adversaire insaisissable, toujours prêt à se soumettre, pour recommencer le lendemain. Même après les corrections, l'article de David conservait un ton d'ironie agressive qui en faisait presque un pamphlet. Bayle avait dû supprimer un certain nombre de réflexions telles que celle-ci : « (1) Finissons par dire que l'histoire du roi David peut rassurer plusieurs têtes couronnées contre les alarmes que les casuistes sévères pourraient leur donner, en soutenant qu'il est presque impossible qu'un roi se sauve. » Mais il laissait encore plus d'une malice, cachée à l'ombre des restrictions et des parenthèses, dans ces longues remarques, qui ne

____

(1) Dict., art. David, 1re édit.

semblent souvent placées à la suite du texte que pour lui donner un démenti. « David était, disait-il, un soleil de sainteté dans l'Église ; mais ce soleil avait eu ses taches. » Et il s'arrêtait à les compter avec tant d'opiniâtreté, qu'il finissait par amoindrir et dégrader la noble figure du roi-prophète. Les protestations édifiantes par lesquelles il désavouait son premier article avaient tout l'air d'une raillerie mal dissimulée. « Il se rendait aux observations de personnes pieuses, et beaucoup plus éclairées que lui sur cette matière. »

Le roi David trouva de zélés défenseurs parmi les catholiques et les protestants. Une réfutation parut aussitôt sous le titre de *David vengé* (1) ; mais le coup était porté : Bayle venait de jeter à la discussion un nom jusqu'alors vénéré, autour duquel allaient se livrer de nouveaux combats. Quelques années plus tard, le souvenir de cette polémique inspirait à je ne sais quel auteur anglais un mauvais pamphlet traduit par d'Holbach (2), et à Voltaire son poème burlesque de Saül.

En somme, cette première tentative de Bayle sur l'Écriture méritait de graves reproches. Au point de vue scientifique, elle était nécessairement très incomplète. Obligée de s'arrêter devant un texte inattaquable, réduite à se dissimuler le plus souvent sous forme de réticence ou d'insinuation malicieuse, sa critique manquait de franchise et de netteté, deux qualités indispensables à toute étude sérieuse. D'un autre côté, cette manière nouvelle de juger et de présenter les faits

---

(1) V. aussi Exam. du scept. mod., par Crouzas.
(2) David, ou l'homme selon le cœur de Dieu.

n'était pas seulement une inconvenance, mais souvent une injustice et une atteinte à la vérité. Bayle, qui se glorifiait d'être impartial, eût dû se rappeler que le respect est une partie de l'équité, même en histoire. Au point de vue religieux, le péril était grand ; Bossuet l'avait entrevu lorsqu'il condamnait l'entreprise du P. Simon, et s'efforçait de placer les personnages de la Bible à l'abri de la discussion. Quelques erreurs relevées çà et là dans Suidas et dans Josèphe ne rachetaient pas le trouble jeté dans les consciences par ces doutes semés autour de la tradition véritable. Bayle s'était arrêté, il est vrai, sur la limite du texte, sans oser la franchir ; mais il avait signalé les endroits faibles ; là comme ailleurs il avait planté les échelles, et indiquait à d'autres les moyens d'emporter la place. Cette ironie, encore discrète et modérée, qui s'attaquait aux plus grands noms de l'Écriture, frayait la voie aux parodies sacrilèges du Dictionnaire philosophique.

Antiquité profane.

Hors des livres saints, la critique de Bayle n'offre plus les mêmes dangers et n'est plus arrêtée par les mêmes scrupules ; elle se débarrasse des subterfuges et des demi-mots, et, en devenant plus franche, devient aussi plus féconde.

Les auteurs profanes eux-mêmes avaient profité du respect général qui s'attachait à la tradition. Les récits d'Hérodote, de Plutarque et de Tite-Live, étaient acceptés presque sans contrôle par la plupart des historiens, imités, embellis, et parfois même appliqués d'une manière assez étrange aux faits de l'histoire moderne. Le monde ancien apparaissait enveloppé de cette majesté solennelle, mais un peu factice, que l'éloignement et les traditions de l'école contribuaient à maintenir. Les grands hommes de Sparte, d'Athènes et de Rome, étaient encore aux yeux de bien des gens de véritables héros de théâtre. Nous ne prétendons pas, à coup sûr, contester à ce XVIIe siècle, qu'on accusait naguère de paganisme, la connaissance profonde de l'antiquité ; mais il la comprend en poète et en artiste plutôt qu'en critique. Bossuet a peint avec des traits pleins de force et de vérité la vieille société Égyptienne et les républiques plus jeunes d'Athènes et de Rome ; mais ce sont là de grands tableaux faits pour figurer dans une histoire épique, comme les fresques de Raphaël sur les murs du Vatican. D'ailleurs, ces vues profondes jetées en passant sur l'antiquité sont une intuition du génie plutôt que le résultat de la méthode et de la critique.

Au temps de Bayle, le principe de contradiction, appliqué à l'histoire comme à la philosophie, devient le signal d'une révolution importante dans l'étude et l'interprétation du passé. L'idée n'était pas nouvelle, il est vrai : au XVIe siècle déjà des luttes mémorables s'étaient engagées autour des principaux monuments de l'antiquité. Budé, Henri Estienne, Scaliger, Juste Lipse, déployaient dans les querelles d'érudition toute l'audace et la passion qu'on apportait alors aux questions politiques et religieuses. Au XVIIe siècle, on étudie l'antiquité pour y chercher des modèles plutôt que des matières à discussion. La critique compte encore d'illustres représentants, tels que Saumaise, Ménage, Vaugelas, etc...; mais, quoique les érudits d'alors aient conservé l'aigreur et l'orgueil de leurs devanciers, la science a perdu ce caractère remuant et novateur qu'elle avait au siècle précédent. On peut appliquer à Louis XIV le mot de Tacite sur Auguste à propos de l'éloquence : il a tout pacifié, même l'érudition. Cependant quelques savants enfermés dans leur cabinet, Guy Patin, Samuel Sorbière, l'abbé Foucher, etc..., continuent à porter dans l'étude du passé un esprit de liberté qui semble en contradiction avec les mœurs et les idées de la société. Un redoutable disputeur de Sorbonne, la terreur du curé de Saint-Eustache et de tous les saints suspects, et l'un des premiers partisans du mariage civil, Jean de Launoi, écrivait sa dissertation *De auctoritate negantis argumenti* (1), contre les historiens sacrés et profanes. Un jésuite célèbre par ses excentricités et sa science, le père Hardouin, enveloppait dans un doute universel les médailles et les histoires des anciens. De l'autre côté du Rhin, d'intrépides chercheurs, poursuivant l'œuvre du XVI siècle, se hasardaient sur la route que Niebuhr devait illustrer un siècle plus tard. Vossius composait sa critique générale des historiens grecs et latins ; Gronovius rejetait comme fabuleuses l'histoire de Romulus et de Rémus et les légendes héroïques de Tite-Live ; enfin l'auteur de la Bibliothèque choisie, le savant et pesant Leclerc, exposait dans son *De arte critica* les principes de cet art délicat

---

(1) Bayle invoque lui-même très souvent, dans la discussion des faits, l'autorité de l'*argument négatif*. (V. notamment l'article sur la *papesse Jeanne*.)

et redoutable, qui allait devenir une des forces les plus actives de l'esprit moderne. Mais jusque alors ces travaux isolés, connus seulement des érudits, n'avaient point la valeur d'une grande manifestation. La première impulsion vraiment efficace donnée à la critique partit du Dictionnaire.

Si Bayle mérite une place à part entre les savants antérieurs ou contemporains, ce n'est à vrai dire ni par la nature des recherches, ni par la nouveauté de la méthode, ni par l'étendue de la science, mais par la manière dont il l'emploie, et par la forme dont il sait la revêtir. Pour lui, elle n'est plus seulement un passe-temps et un exercice, mais une arme (1) ; il lui donne des ailes, et la jette comme un puissant auxiliaire au milieu de la lutte des partis. Tout en réfutant Hérodote, il songe au père Maimbourg et à ces messieurs de l'Église Romaine, qui prétendent trouver une base solide dans la tradition. La critique, cette chose si savante et si consciencieuse, mais souvent si lourde et si monotone aux mains des Scaliger et des Lambin, devient entre les siennes vive, alerte, amusante. Elle tourne trop souvent sans doute à l'ironie et à l'épigramme, elle abuse de l'allusion, elle a des caprices de curiosité et des prédilections inexplicables ; elle effleure à peine les grands objets, et s'arrête un temps infini sur les détails oiseux ; elle s'abandonne volontiers aux histoires scandaleuses, aux commérages d'érudition, aux digressions et aux parenthèses ; elle dégénère parfois en compilation inco-

____

(1) Henri Estienne avait déjà tenté la même chose dans son Apologie d'Hérodote.

hérente et désordonnée ou en taquinerie pointilleuse.
Bayle n'ignorait pas ces défauts : ils étaient chez lui
presque prémédités. « Le (1) mélange de plusieurs formes, un peu de bigarrure, pas tant d'uniformité, sont
assez mon fait. » Cette variété infinie de matières, cette
forme pittoresque et capricieuse, ce ton agressif et moqueur, étaient une amorce pour le public : par là il sé-
duisait un certain nombre d'esprits frivoles et délicats,
que l'austérité de l'érudition aurait peut-être rebutés.
« Nous sommes dans un siècle, disait-il, où on lit bien
plus pour se divertir que pour devenir savant (2). » Décider ce siècle à prendre un peu de science en s'amusant,
c'était déjà un grand résultat à ses yeux. Du reste, les
amateurs d'érudition exacte et sérieuse trouvaient là
aussi leur part.

Sous cette légèreté apparente se cachent des qualités
solides, une lecture immense, une mémoire prodigieuse,
une connaissance variée de l'antiquité. Bayle a sinon lu,
du moins parcouru, feuilleté avec le coup d'œil du critique, la plupart des écrivains d'Athènes et de Rome, les
narrateurs comme Hérodote et Plutarque, les historiens
politiques et philosophes comme Thucydide, Polybe
ou Tacite; les compilateurs comme Athénée, Varron,
Pline l'Ancien; les géographes comme Strabon et Solin.
Joignez à cela une revue générale des commentateurs
et des traducteurs modernes, Scaliger, Juste Lipse, Casaubon, Vossius, La Mothe le Vayer, Guy Patin, Huet,
le P. Hardouin, tour à tour mis à contribution, cités,

---

(1) Disc. conc. le proj. d'un Dict.
(2) Suite des Réfl. sur le prét. jug. du public.

discutés, censurés. Nul doute qu'il n'y ait au milieu de
ces recherches beaucoup de science de seconde main,
et par suite d'assertions téméraires, d'erreurs capitales.
Pourtant sa critique se distingue par une précision de
détails qui va quelquefois jusqu'à la minutie (1), par un
amour de l'exactitude qu'on a trop souvent méconnu
dans Bayle, à force de ne voir en lui qu'un éditeur
d'histoires suspectes et de mensonges divertissants. Ces
scrupules perpétuels sur la valeur des textes, ces longues citations grecques ou latines, ces discussions chro-
nologiques et géographiques, par dessus lesquelles sau-
tait Saint-Evremond, attestent le travail d'un esprit
curieux, qui conserve le goût du solide même au milieu
des frivolités. C'est ainsi que le Dictionnaire a pu devenir une œuvre à la fois amusante et sérieuse, une mine
inépuisable pour la polémique de circonstance comme
pour la science pacifique et désintéressée, la *bible du
scepticisme* et le *manuel des érudits*. C'est ainsi qu'après
avoir obtenu ce succès de vogue que donne la passion
des partis, il a conservé, même de nos jours, un rang
honorable parmi les livres que l'on consulte encore avec
fruit, et dont on profite souvent, tout en les traitant fort
mal.

En histoire comme en philosophie, Bayle continue
son rôle de *questionneur fâcheux*. Il voyage à travers
les siècles, fouillant, compulsant, mettant aux prises les
traditions comme les systèmes. Vrai limier de critique,

----

(1) « J'ai bien prévu que le *minutissimarum rerum minutissi-
mus sciscitator* ne me serait pas épargné.» (Disc. sur le plan d'un
Dict.)

il suit à la piste les erreurs et les contradictions ; il s'inquiète moins *de ce qui est que de ce qui n'est pas.* Son pyrrhonisme s'attaque d'abord aux citations tronquées, aux traductions infidèles, aux compilations maladroites. Il recommande sans cesse de remonter aux sources originales, de ne point changer ni embellir les anciens, funeste habitude trop répandue au XVIIe siècle, entretenue encore au XVIIIe par une fausse idée d'élégance et de noblesse, et abandonnée enfin de nos jours. Les textes une fois rétablis, il faut les étudier, les comparer. Au terme de cette critique, textes et commentaires finissent souvent par fondre entre ses mains. La seule conclusion à laquelle on arrive, c'est que Scaliger n'a pas compris, que Vossius a mal lu, que La Mothe le Vayer s'est trompé, que Moreri a copié jusqu'aux fautes d'impression, qu'Hérodote n'a pas dit vrai et que Plutarque s'est contredit. « (1) Hérodote nous débite là un conte ridicule, mais qu'il fallait laisser tel. » Et ailleurs : « Plutarque se rendait tellement maître de certains faits, qu'il les tournait et les appliquait tantôt d'une façon, tantôt de l'autre. »

Sans arriver aux exagérations ridicules du P. Hardouin, Bayle n'attache qu'une médiocre confiance aux écrivains d'Athènes et de Rome. En général, ils ont trop d'imagination ; ils sont poètes et orateurs plutôt que critiques, mauvais géographes et détestables chronologistes. Pline l'Ancien se trompe grossièrement sur la position de l'île de Lemnos ; Plutarque commet un lourd anachro-

___

(1) Dict. hist. et crit., art. Phéron.

nisme à propos de la reine Tanaquil ; Tite-Live nous dit
que les Romains du temps d'Alexandre n'entendirent jamais parler de lui de son vivant, et plus bas il ajoute qu'ils
songeaient à lui opposer Papirius Cursor (1). Aucun d'eux
n'a réussi à fixer d'une manière précise l'époque où vécut
Lycurgue. Tout ce qu'on a dit sur ce sujet est si contradictoire et si obscur, qu'il est impossible d'en rien tirer.
Les légendes héroïques de la Grèce ne sont qu'un long
tissu de fables invraisemblables (2); c'est une carrière où
chacun s'est lancé à sa fantaisie, sans s'inquiéter de ce
qu'avait dit son voisin. L'histoire des premiers rois de
Rome est tout aussi problématique. « (3) S'il n'y avait
eu des annalistes à Rome, long-temps avant que l'on n'y
enseignât la rhétorique, je croirais que l'on aurait converti en relations historiques les déclamations, que les sophistes faisaient faire à leurs écoliers. Que sait-on si la
plupart des anciennes fables ne doivent pas leur origine
à quelque coutume de faire louer les anciens héros le
jour de leur fête, et de faire conserver les pièces qui seraient les meilleures ?... N'est-ce pas ce qui est arrivé,
par exemple, pour les vies des saints insérées dans le
Martyrologe ? » Bayle jetait là en passant, sans y attacher une grande valeur et sous forme dubitative, une
idée dont la critique devait s'emparer plus tard : l'importance des *chants funèbres* ou *chants des clients* dans la

---

(1) La critique de Bayle n'est pas exacte : Tite-Live dit seulement
que Papirius Cursor eût été capable de tenir tête à Alexandre s'il
eût tenté de passer en Italie. L'erreur vient d'une faute d'impression, *destinarant* au lieu de *destinant*. (Tite-Live, liv. 9, ch. 16.)

(2) V. art. Achille, Jason, Hélène, etc.

(3) V. Dict. hist. et crit., art. Valérius.

formation des premières annales romaines est un fait gé-
néralement admis aujourd'hui.

Le scepticisme historique de Bayle ne s'attaque pas
seulement aux textes et aux faits, mais aux personnages de l'antiquité. Déjà nous avons montré plus haut,
en parlant de la Bible, comment, sans toucher au fond
même de l'histoire, il finissait par amoindrir la grande
image des prophètes et des rois juifs. Les héros grecs
ou romains subissent la même transformation; il se plaît
à les faire descendre de ce piédestal où les avait placés
l'admiration des siècles, où les maintenaient encore les
traditions de l'école, et les ramène sur le terrain commun
de l'humanité. En philosophie, il nous a montré dans
tout système la contre-partie, la guerre éternelle de *la
thèse et de l'antithèse*, comme eût dit Ænesidème; en
histoire, il nous fait voir le revers de toutes les réputations. Alexandre et César passent tour à tour sous ce
jeu de bascule aussi terrible pour la gloire des grands
hommes que pour l'infaillibilité des docteurs de l'Eglise et
de l'École (1).

La perspective historique se trouve ainsi déplacée, ou
du moins profondément modifiée. La vérité y gagne
sous certains rapports. C'est une manière de restituer
l'image de l'homme trop souvent obscurcie par l'apo-
théose du héros. Mais il y a là aussi un danger, auquel
Bayle n'a pas toujours échappé. En faisant passer les
personnages du monde idéal de l'imagination dans le
monde réel de la prose et de l'analyse, il exagère souvent en sens contraire : il les rapetisse outre mesure.

---

(1) V. Dict. hist. et crit., art. Alexandre et César.

Parfois même, il ne les comprend pas, faute de les placer dans leur véritable jour, au milieu de la société où ils ont vécu. Achille lui fait l'effet d'un *enfant qui pleure pour sa poupée*, *et d'un brutal qui n'a pas la moindre idée de l'héroïsme* (1). La critique du XVIIIe siècle péchera souvent par cet excès de bon sens étroit et incrédule. Victime de ses préjugés philosophiques, entraînée par l'esprit de moquerie et d'irrévérence envers tout ce qui tient au passé, elle manquera d'imagination et de simplicité, deux qualités sans lesquelles il est impossible de bien comprendre les anciens, même historiquement.

Si imparfaite et si exagérée qu'elle soit dans quelques parties, cette épreuve à laquelle Bayle soumettait l'antiquité n'en a pas moins son importance. Par l'esprit comme par la date, elle se rattache à la fameuse croisade de Perrault et de La Motte, dont l'auteur du Dictionnaire semble partager quelquefois les idées. En même temps elle marque l'apparition d'un système nouveau dans l'étude des anciens, les premiers efforts de ce qu'on pourrait appeler le *réalisme historique* contre les traditions héroïques et merveilleuses. La poésie s'éteint, l'âge de l'analyse et de la critique arrive, les dieux de l'histoire s'en vont !

Temps modernes.

C'est surtout dans l'étude des temps modernes qu'éclatent la nouveauté et l'audace de cette critique. Là, Bayle ne trouvait plus seulement en face de lui les tra-

---

(1) V. Dict., art. Achille.

ditions de l'école, mais les susceptibilités nationales, les haines de sectes et de partis, les mensonges entretenus par la politique comme indispensables au salut de l'Eglise ou de l'Etat. Là l'indépendance pouvait souvent passer pour une révolte, la vérité pour une offense, la justice pour une trahison.

A l'époque où paraît le Dictionnaire, l'histoire de France proprement dite est encore peu avancée. Sur ce point comme sur tant d'autres, le XVIe siècle avait porté son esprit curieux et novateur. Tandis que Ronsard, fidèle aux traditions des grandes chroniques de France, célébrait la légende de Francus et ajoutait libéralement une douzaine de siècles aux origines de la monarchie, Du Haillan contestait le passage du Rhin par Pharamond, l'institution de la loi salique et la création des douze pairs de Charlemagne. Etienne Pasquier et Du Tillet s'engageaient dans la même voie, au grand scandale des hommes prudents, qui voyaient là une atteinte à la gloire nationale. Malheureusement, ces premières tentatives devaient être bientôt démenties et gâtees par une maladroite imitation de l'antiquité. L'âge suivant, plus réservé, avait abandonné ces questions périlleuses et irritantes. La royauté, qui ne permettait autour d'elle aucune discussion dans le présent, qui avait supprimé les Etats-Généraux et fait taire les Parlements, eût-elle souffert davantage qu'on la discutât dans le passé ?

Cependant, à la fin du XVIIe siècle, un vague sentiment de doute et de curiosité semble ramener les esprits vers les origines de notre histoire. Bayle assiste à la naissance de ce mouvement ; il ne vécut pas assez pour y prendre part, mais il le pressent et le seconde en éveillant le goût de la discussion sur toute espèce de matières. et en contribuant peut-être plus que personne à ruiner l'*idolâtrie du passé.* Il a lu les deux dissertations du P. Daniel sur l'histoire de France, et il applaudit à ces progrès du pyrrhonisme, *qui va s'étendant tous les jours*, et qui commence à soulever d'une main timide encore le secret de nos origines. Éloigné de la capitale, des bibliothèques, manquant de livres, de documents originaux, il n'a que des connaissances très bornées sur cette première partie de notre histoire. Les vieux chroniqueurs, comme Grégoire de Tours, Frédegaire, Aymoin, Roricon, le Religieux de Saint-Denis, Villehardouin, Joinville, Froissart, lui sont moins familiers que Valère–Maxime, Aulu–Gelle, Pausanias ou Athénée ; à peine les a-t-il feuilletés en courant. Le plus souvent, il se contente de les citer d'après Du Pleix, Etienne Pasquier, Mézeray ou Valois ; mais le choix de ses citations, mais les jugements qu'il porte sur les historiens modernes, indiquent assez la tendance générale de sa critique. Il prend le parti de Paul-Emile contre ceux qui lui reprochent de n'avoir rien dit de la sainte Ampoule, et il croit que sa jalousie d'Italien n'est pas la seule cause qui l'ait empêché d'en parler. Il félicite Du Haillan « d'avoir eu le courage de réfuter plusieurs traditions qu'un *zèle indiscret pour la gloire de la France avait fomentées*, et de parler librement sur les matières délicates, comme, par exemple, sur ce qui concerne la Pucelle d'Orléans (1). » Peu soucieux de ménager l'a-

(1) Dict. hist. et crit., art. Du Haillan. Bayle fait allusion à des calomnies absurdes rapportées par Du Haillan, répétées par Ga-

mour-propre national, il ne craint pas d'enlever soixante
ans d'ancienneté à la monarchie ; il soupçonne que
l'histoire des premiers rois francs pourrait bien ressembler à celle des rois de Rome ; il doute que Pharamond ait jamais existé ; il ne respecte guère plus le
berceau du roi Clovis que celui du roi David ; il s'égaie
aux dépens de la reine Basine, de Childéric, et se moque du zèle monarchique du P. Lecointe et du P. Garasse, qui avaient déployé toutes les forces de leur éloquence pour réfuter Pasquier au sujet des mauvais bruits
répandus sur la naissance du premier roi très chrétien (1). Certes, nous ne prétendons pas donner ces doutes et ces objections, jetés en passant, comme une œuvre
de critique bien profonde. L'histoire de la reine Basine
et les réflexions qui l'accompagnent ressemblent trop à
un conte de Brantôme ; la discussion grammaticale sur
un texte de Grégoire de Tours, où il s'agit de savoir si
l'on doit lire *viriliorem* ou *utiliorem* en parlant de Childéric, est une malice indécente plutôt qu'une étude
sérieuse. Nous avons voulu seulement signaler l'esprit
général qui préside à ces recherches, même superficiel-
les, le ton de liberté qu'il apporte à discuter des traditions respectées, les encouragements qu'il donne à tous
ceux qui seraient tentés de les ébranler ou de les démentir. Du reste, pour lui, l'intérêt de l'histoire moderne n'est pas de ce côté ; les questions de races et de

---

briel Naudé, et au service desquelles Voltaire devait déshonorer sa
plume un siècle plus tard. Heureusement, la critique historique a
d'autres titres à invoquer. Mieux éclairée depuis, elle s'est trouvée
d'accord avec la tradition populaire sur cette sainte jeune fille, la
gloire la plus pure de notre France.

(1) V. Dict. hist. et crit., art. Basine.

dynasties, si débattues depuis, le préoccupent peu ; le moyen âge féodal est un monde inconnu, où il ne tente point de s'aventurer.

Les querelles religieuses l'attirent avant tout ; aussi les articles relatifs aux papes, aux théologiens, aux schismatiques ou aux orthodoxes célèbres, composent-ils à eux seuls un bon tiers du Dictionnaire. Là, Bayle trouve dans l'histoire non plus seulement une matière d'étude et de discussion, mais une occasion de plaidoyer, un enseignement moral à l'usage des princes et des peuples (1); là, il rencontre dans le passé les mêmes partis qui se déchirent autour de lui, et il entreprend de leur appliquer malgré eux cette loi de justice et d'égalité qu'il s'efforçait vainement de faire prévaloir dans la société. C'est ce qui donne à sa critique un caractère particulier d'indépendance, qu'on chercherait vainement chez la plupart des historiens contemporains.

Jusque alors, en effet, l'histoire des guerres religieuses n'a été le plus souvent qu'une vengeance prolongée des

---

(1) « Ceux qui gouvernent devraient se faire dire tous les jours : Ne tourmentez personne sur ses idées de religion, et n'étendez pas le droit du glaive sur la conscience. Voyez ce que Charles IX et son successeur y gagnèrent : c'est un miracle que la monarchie française n'ait pas péri par leur catholicité.

« Ceux qui conduisent les affaires ecclésiastiques sont la seconde espèce de gens qui doivent méditer profondément sur les désordres du XVIᵉ siècle. On leur parle de tolérance, ils croient entendre le plus affreux et le plus monstrueux de tous les dogmes. Vous ne voulez pas, peut-on leur dire, que cette secte prie Dieu à sa mode et qu'elle prêche ses sentiments ; mais prenez garde, si l'on en vient aux épées tirées, qu'au lieu d'écrire contre vos dogmes elle ne renverse vos temples et ne mette vos propres personnes en danger !

« Enfin, que ces théologiens remuants qui prennent tant de plaisir à innover jettent continuellement la vue sur nos guerres sacrées. »

vainqueurs ou une malédiction des vaincus. Les catholiques, après avoir exterminé les sectes dissidentes,
brûlé leurs livres, détruit leurs autels, avaient complété
l'œuvre en flétrissant leur mémoire. Les protestants,
héritiers des malheurs et des rancunes du passé, avaient
accueilli et propagé contre l'Eglise romaine, contre ses
papes, ses saints, ses martyrs, les calomnies les plus
absurdes et les plus atroces. Juifs et mahométans étaient
d'un commun accord mis hors la loi, en histoire comme
en politique. Ces traditions hostiles, qui se perpétuaient
de père en fils, étaient le plus grand obstacle à la récon-
ciliation des partis. Quand Bayle vient se poser sur un
terrain neutre pour discuter et contrôler toutes ces légendes, quand il réclame l'*égalité* de toutes les causes
devant l'histoire, ce n'est pas seulement au nom de la
vérité. La vérité! il y croit trop peu pour y attacher
tant de prix. Il assigne à sa critique un but plus pratique,
plus immédiat: il veut la faire servir au triomphe de la
tolérance.

En rattachant ainsi l'étude de l'histoire à la question
politique et religieuse, Bayle se trouvait naturellement
ramené aux idées qu'il défendait dans les Pensées sur
les comètes et dans le Commentaire philosophique.
L'indifférence sera, selon lui, la première vertu de
l'historien. Pourquoi Florimond de Rémond et Dupleix,
pourquoi d'Aubigné et Duplessis-Mornai, ont-ils raconté
tant de mensonges (1)? C'est qu'ils étaient, ceux-là trop
bons catholiques, ceux-ci trop bons protestants. Le
zèle gâte tout, en histoire comme en politique. Pour être

---

(1) Dict. hist. et crit., art. Florimond de Rémond.

équitable envers les partis, il faut ne croire à aucun et se moquer un peu de tous. Tel est en effet le genre de justice qu'il leur rend le plus souvent.

Bayle confond ici deux choses profondément distinctes : l'indifférence et l'impartialité. Il ne suppose pas que l'amour seul du vrai puisse suffire à l'historien, comme la passion du beau à l'artiste, ou celle du juste à l'homme de bien. En présence de tant de mensonges accrédités par le zèle politique ou religieux, répétés gravement sur tous les tons par les gens sérieux et convaincus, il conclut que le meilleur gage d'indépendance et de justice pour l'écrivain sera la tiédeur et l'incrédulité. Tout ce qui ressemble à l'affirmation lui paraît trop absolu ou trop asservissant. Aussi s'arrêtera-t-il presque toujours sur la limite du *Que sais-je ?* du *Peut-être* ; mais du moins son scepticisme profite également à tout le monde, à Mahomet comme à Luther, aux Vaudois comme aux Jésuites. En cela réside son impartialité.

Dans ce travail de révison, Bayle ne se contente pas de révoquer en doute les traditions fausses et exagérées ; il entreprend encore de nous expliquer comment elles s'organisent et se perpétuent à travers les siècles. Précédemment, nous l'avons vu suivre à la piste les erreurs et les contradictions des savants, en passant de Moréri à Vossius, de Scaliger à Aulu-Gelle et à Plutarque. Ici, de même, il remonte à l'origine des calomnies ; il en suit la trace à travers les historiens catholiques et protestants ; il touche du doigt la source trompeuse à laquelle sont venus puiser Varillas, Maimbourg et Jurieu. Ce terrible chercheur nous livre le secret des partis comme il nous a livré celui des écoles ; il s'amuse à percer à jour leurs expédients, à nous montrer les ressorts cachés qui mettent en branle tant de mensonges. « Un des aphorismes de la politique ecclésiastique est de trouver toujours quelque marque de la colère divine dans la mort des hérétiques (1) ». . . . . « Quelques uns ont dit de Luther qu'il mourut de mort subite, d'autres qu'il se tua lui-même, d'autres que le diable l'étrangla, d'autres que son cadavre était si puant qu'on fut contraint de le laisser en chemin (2 . » Un autre aphorisme de la même politique, c'est de représenter ses adversaires sous les couleurs les plus odieuses, de déshonorer leur naissance ou leur famille : témoin les mensonges de Bolsec contre Calvin, et du P. Garasse contre Luther.

Bayle ne récrimine pas, ne s'emporte pas contre ceux qui emploient de pareils moyens; il se contente de les dénoncer et d'en rire. Il accueille d'un air moqueur et incrédule toutes ces monstruosités historiques qu'on se renvoie des deux côtés comme un défi; il signale les maladresses et les bévues contenues dans ces libelles *« où l'on n'a pas même observé les règles de l'art de médire* (3) »; et, après en avoir démontré l'absurdité, il demande qu'on cesse de se calomnier sur la cendre des morts, en attendant qu'on puisse se rendre justice entre vivants.

Lui-même commence par joindre l'exemple au précepte. Dans le Commentaire philosophique, il réclamait, au nom de la tolérance, une place même pour les juifs

<hr>

(1) **Dict. hist. et crit.**, art. Lubietnieski.
(2) *Ibid.*, art. Luther.
(3) *Ibid.*

et les mahométans au sein de la société civile ; cette place, que les préjugés leur refusent, il la leur fait en histoire. Quelque Turcs que soient les gens, il pense qu'on est tenu de respecter la vérité à leur égard (1). Il se moque des contes ridicules répandus sur Mahomet, des miracles absurdes qu'on s'est plu à lui attribuer, des calomnies contre le Koran, qu'on n'a pas lu, de l'histoire du serviteur enseveli dans un puits et de la colombe qui venait becqueter l'oreille du prophète. Celui-ci n'est à ses yeux ni un ministre du diable, ni un Antechrist, comme le répétaient encore la plupart des écrivains religieux, mais tout simplement un politique, un imposteur habile, qui a su exploiter l'ignorance et le fanatisme de ses prosélytes au profit de son ambition. La manière dont il a étendu sa religion par le fer est sans doute atroce ; mais les rois francs en Germanie, les Espagnols dans le Nouveau-Monde, ont-ils employé d'autres moyens ? Les dragons de Louis XIV ne ressemblent-ils pas aux soldats d'Omar et d'Abu-Bekr ? « *Avouons la dette !* » s'écrie Bayle ; et il continue d'accoupler, bon gré mal gré, dans ce parallèle, les noms et les causes les plus antipathiques (2). En somme, il est facile de voir

---

(1) V. Dict., art. Mahomet, Mahomet II. « Trouvez-moi parmi les princes chrétiens des conquérants qui puissent tenir la balance contre les Saladin, les Tamerlan, les Amurat, les Bajazet, les Mahomet II, les Soliman II ! »

(2) Voltaire a sans doute puisé dans Bayle l'idée de ces comparaisons malignes entre la société musulmane et la société chrétienne. Le Mahomet qu'il a mis sur la scène est bien celui du Dictionnaire.

Dans les remarques de l'art. Mahomet, Bayle parle des prophéties, répandues même chez les Turcs, sur la ruine future du mahométisme : « Une des plus célèbres est celle qui annonce qu'une *famille*

que ces Turcs, si détestés encore à cette époque dans tout l'Occident, lui inspirent peu d'aversion. Il vante leur modération, leur équité, leur tolérance, qu'il oppose malignement aux persécutions et aux Saint-Barthélemy des nations chrétiennes.

Bayle met une sorte d'audace et d'amour-propre à braver les préventions. Parmi les saints et les papes de l'Église romaine, les noms les plus odieux aux protestants sont précisément ceux auxquels il applique le plus largement le bénéfice de son incrédulité. Il n'ajoute pas plus de foi aux satires de d'Aubigné contre saint Dominique qu'à celles de Jurieu contre Sixte IV; il rejette comme un conte ridicule l'histoire de la papesse Jeanne, sur laquelle on publiait encore de gros livres au XVIIe siècle, et engage ses coreligionnaires à laisser de côté cette arme usée, dans l'intérêt même de leur parti; il fait ressortir le talent politique de Jules II et des Borgia; il rend hommage au génie de Grégoire VII, dont on pourra dire tout le mal possible, mais qu'on ne saurait empêcher d'avoir été un grand homme, *digne de figurer à côté des Alexandre et des César* (1). Il avoue bien, d'un air goguenard, que son alliance avec la comtesse Mathilde a beaucoup fait jaser le monde; mais, après avoir compulsé les témoignages de Maimbourg et de

---

blonde, avec ses compétiteurs, mettra en fuite les musulmans.» Bayle, qui n'y croit du reste pas, pense qu'il s'agit ici des grands-ducs de Moscovie. Cette citation est assez curieuse, si l'on songe qu'à l'époque où ces lignes étaient écrites, Pierre le Grand travaillait à Rotterdam dans les ateliers de construction, au grand étonnement de Bayle, qui ne pouvait comprendre *ce travers d'esprit*. » (V. sa Corresp., Lett. à M....., Rotterdam, 28 nov. 1697.)

(1) V. Dict. hist. et crit., art. Grégoire VII.

Duplessis-Mornai, il s'abstient de se prononcer sur un point que les rancunes protestantes avaient résolu depuis long-temps. Malgré son titre de réformé, il déclare hautement que *le pouvoir auquel sont arrivés les papes est une œuvre plus étonnante que la vaste monarchie de l'ancienne Rome, une de ces merveilles qui ne se réalisent qu'une fois dans la suite des siècles.* Quelques années plus tard, dans la IVe partie de ses Réponses aux questions d'un provincial, il soutint, d'accord avec Arnauld contre Jurieu, la légitimité de la monarchie ecclésiastique, en démontrant qu'elle n'était contraire ni à l'Évangile ni aux préceptes de saint Paul. Cette demi-justice rendue à l'Eglise romaine alarma sérieusement le consistoire de Rotterdam. L'auteur fut invité à ne pas réfuter légèrement ce que les théologiens protestants avaient dit de certains papes vicieux, « attendu (1), portait l'arrêt, que, s'il peut alléguer quelques conjectures pour la défense de ces papes sur certains faits, on peut lui opposer de fortes raisons pour leur condamnation, et qu'il est sans nécessité de prendre le parti *des séducteurs* qui ont fait tant de mal à l'Église, et de vouloir faire passer nos auteurs pour des accusateurs téméraires. » L'esprit de parti avouait naïvement ses faiblesses et ses défiances contre la vérité. La théorie du mensonge utile, de la calomnie consacrée au service de Dieu et à l'édification des âmes, était enseignée des deux côtés. Bayle n'en garda pas moins ses doutes, et continua de juger avec la même indifférence amis et ennemis.

Déjà, dans sa réponse au P. Maimbourg, il avait tra-

---

(1) Remontrances du consistoire.

versé cette sombre histoire des guerres religieuses au
XVIe siècle, écrite en traits de feu et de sang par d'Aubigné, grosse d'anathèmes et de colères, que les dernières persécutions avaient rallumés. Il y revient dans le
Dictionnaire, plus calme, plus tolérant, plus incrédule
que jamais. Il rencontre sur sa route les figures des
Guise, de Henri II, de Charles IX, de Diane de Poitiers,
et, malgré quelques malices jetées çà et là, il les peint
sous des couleurs que l'histoire impartiale n'a pas dés-
avouées depuis. La politique et la passion du temps exi-
geaient que tout sectaire zélé donnât toujours tort à ses
adversaires, et raison à son parti. C'est à ce titre que
Jurieu défendait le supplice de Servet, que bon nombre
de catholiques justifiaient la Saint-Barthélemy. Bayle
ne pousse pas si loin le dévoùment. Il a fait justice des
pamphlets ridicules débités par les catholiques contre
Luther et Calvin : tant que la cause est bonne, il la défend ; dès qu'elle devient mauvaise, il l'abandonne.
S'agit-il du meurtre de Servet, du double mariage du
landgrave de Hesse, des conversations de Luther avec
le diable et de ses paroles imprudentes sur les femmes,
si nolit uxor, ancilla veniat, il se met du côté de Bossuet
contre Jurieu, de Nicole contre Claude, passant et re-
passant d'un camp à l'autre, comme un soldat d'aventure, qui ne reconnaît ni mot d'ordre, ni drapeau. Le
XVIe siècle, qui a ouvert par le schisme l'ère de l'émancipation religieuse et philosophique, le XVIe siècle, dont
il est lui-même l'élève et le continuateur, lui paraît une
époque abominable, auprès de laquelle le siècle présent
pourrait passer pour un âge d'or. Cependant il ne

cherche pas à rejeter sur un parti ou sur un homme l'odieuse responsabilité de tous ces malheurs. Il n'accuse ni Luther, ni Léon X. La faute en est à tout le monde : aux réformateurs, qui sont *peut-être allés trop loin*, quoique leur but ait été louable ; aux théologiens orthodoxes, qui ont voulu enchaîner par la force les consciences que Dieu a faites libres ; aux princes, qui ont tiré l'épée dans une querelle où la raison seule devait décider ; aux peuples, qui se sont laissé entraîner aux exagérations et aux violences.

Cette manière de diviser les torts entre tous ne contentait personne. On comprend donc que Bayle, avec sa modération, ait passé pour un traître, pour un homme dangereux. Quand les partis sont aux prises, il leur faut des idoles à encenser et des monstres à maudire. Bayle renversait les uns et les autres. Cet homme, qui prenait un malin plaisir à glacer l'enthousiasme, à désarmer la colère, qui riait des panégyriques et des pamphlets, devait irriter profondément un monde où bouillonnaient tant de passions. Les protestants surtout le trouvaient embarrassant, avec ses indiscrétions et ses aveux, avec ses doutes perpétuels, qui impatientaient leurs haines crédules et exigeantes. Et puis, ce n'étaient pas seulement les juifs, les mahométans, les catholiques, qui avaient part aux indulgences de son scepticisme ; c'étaient encore les sociniens, les arminiens, les anabaptistes, toute cette queue de parti d'autant plus odieuse aux zélés protestants, qu'elle avait entravé et compromis un moment les progrès de la réforme. A ces malencontreux plaidoyers vint s'en joindre un, surtout, qui devait exciter contre l'auteur une tempête comparable à celle de son article sur David : l'apologie des jésuites.

Le grand forfait reproché aux jésuites était l'assassinat de Henri IV. Ce bruit, accrédité par la haine, reproduit sous toutes les formes dans les libelles qui s'imprimaient depuis plus d'un siècle, était devenu un article de foi pour tout fervent réformé ; les jansénistes eux-mêmes y croyaient ou s'efforçaient d'y croire. Contester un pareil fait, c'était blesser non seulement les convictions, mais les intérêts du protestantisme ; c'était lui enlever sa meilleure arme contre un ordre puissant et détesté. Bayle pourtant n'hésita point ; il se mit hardiment à l'œuvre, revit, compulsa toutes les pièces du procès, du moins celles qui restaient encore, les accusations et les apologies échangées des deux côtés, le plaidoyer du P. Cotton, l'Anti-Cotton, la réponse à l'Anti-Cotton, etc...., etc...., et, après avoir mis en balance les témoignages, il finit par conclure que les charges n'étaient pas suffisantes, et que, dès lors, le doute devait profiter aux accusés (1). Cette apologie, il est vrai, était tempérée par un certain nombre de traits médisants comme Bayle excelle à en lancer. Même lorsqu'il remplit le rôle de défenseur, il ressemble toujours un peu à ces avocats qui font de l'esprit aux dépens de leurs clients, surtout quand ces clients sont des jésuites. Après les avoir justifiés sur l'assassinat de Henri IV, sur les restrictions mentales et les *distinguo*, dont on leur attribue faussement l'invention, *bien qu'a-*

---

(1) Dict. hist. et crit., art. Mariana. — *Ibid.*, art. Henri IV.

près tout ils en aient largement usé, après avoir vengé le P. Cotton lui-même, accusé d'un vilain méfait par un certain abbé Du Bois, il se demande d'où sont venues tant de calomnies ; et voici sa réponse (1) : « Il est arrivé aux jésuites la même chose qu'à Catilina. On fit courir contre lui des accusations dont on n'avait nulle preuve ; mais on se fondait sur ce raisonnement général : Puisqu'il a fait telle chose, il est bien capable d'avoir fait celle-ci et celle-là.» Les jésuites durent être peu flattés de la comparaison ; les protestants ne s'en montrèrent guère plus satisfaits : ces petits traits de médisance ne leur rendaient pas ce que les doutes de Bayle leur avaient enlevé. En somme, l'enquête s'était terminée au profit de leurs ennemis. Bien des gens, qui auraient pardonné à l'auteur ses hardiesses sur David, ne lui pardonnèrent point d'avoir pu douter un instant que Ravaillac fût un disciple de Mariana. Un pasteur d'Emmerich, M. Pécher, lui écrivit une lettre pressante pour lui exprimer la douleur et l'étonnement de ses coreligionnaires. Malgré sa renommée bien établie d'indépendance et de probité, les imputations les plus odieuses étaient mises en circulation. Les uns l'accusaient d'avoir eu peur des jésuites, ceux-ci de s'être laissé acheter par eux, ceux-là d'avoir voulu assurer, en les ménageant, un plus grand débit à son Dictionnaire. Bayle soutint de pied ferme ce nouvel assaut. Sa réponse à M. Pécher est un modèle de dignité simple et mesurée (2) : « Ceux qui savent comment j'ai parlé des jé-

---

(1) Dict. hist. et crit., art. Loyola.
(2) Rotterdam, 10 août 1705.

suites dans ma réponse au Calvinisme de Maimbourg, et
même dans mon Dictionnaire, à l'article de Loyola, peuvent être bien assurés que je ne les crains ni ne les ménage ; mais il est vrai qu'un Dictionnaire historique ne
doit point porter les marques d'une prévention passionnée, et je m'en suis éloigné autant que j'ai pu, tant
à leur égard qu'envers tout autre sorte de sujets. Si j'ai
détaillé l'assassinat de Henri III à la charge des domi-
nicains, c'est que je pouvais citer des pièces authen-
tiques ; au lieu que la part que les jésuites peuvent avoir
eue à l'assassinat de Henri IV par Ravaillac n'a point passé
les soupçons. Les actes du procès de ce misérable ne
prouvent rien contre eux ; il n'y a point de documents à
alléguer, et ainsi un historien n'a rien à dire, car il doit
prouver ce qu'il avance. » De pareils scrupules honorent
l'homme qui les a éproués, et font pardonner bien des
témérités et des médisances. Si l'on rapproche de ces
lignes celles qu'il écrivait onze mois plus tard (1) à
M. Desmaizeaux pour refuser d'acheter sa justification au
prix d'un manifeste en faveur des alliés triomphants, et au
détriment de la France vaincue et humiliée, on sera forcé
de reconnaître que cette indépendance n'était pas seulement au bout de sa plume, qu'il la portait aussi dans le
cœur. Jusqu'au dernier jour de sa vie, il persista dans
cette ligne de conduite, d'où les menaces de ses adversaires et les sollicitations de ses amis essayèrent souvent
de le faire dévier. Il refusa constamment d'imiter ces
historiens de parti semblables « aux joueurs de piquet,
qui ne gardent que les bonnes cartes et mettent dans

____

(1) 17 juill. 1706.

leur écart les mauvaises qui étaient venues (1) » ; il déclara qu'il voulait jouer hardiment, cartes sur table, au risque de mériter les éloges intéressés des jésuites, et de révolter les âmes zélées par le spectacle de sa scandaleuse modération.

Quels qu'aient été les abus, les légèretés, les inconvenances même de sa critique, sachons-lui gré du moins de cette impartialité, qui était, alors surtout, un acte de courage en même temps que d'honnêteté. Faire entendre la voix de la modération et de la justice au milieu des luttes de partis est souvent la tâche la plus ingrate. Il est bien plus facile et plus sûr de crier et de calomnier avec tout le monde ; on trouve alors des approbateurs intéressés, qui vous savent gré de vos complaisances et de vos haines, à défaut de vos talents. Qu'on se représente Bayle tiraillé en tous sens, ici par les défiances des pouvoirs civils, là par les exigences des protestants, et l'on comprendra qu'il fallait une certaine force de tête et de cœur pour résister au courant qui entraînait tant de bons esprits, pour rester seul sur un terrain neutre, au milieu des récriminations et des cris de colère qui pleuvaient des deux côtés ; pour prendre en main la défense de tant de causes proscrites, flétries, abandonnées quelquefois par les hommes sages, à ce seul titre qu'elles n'avaient pas réussi.

Nous ne prétendons pas faire ici de Bayle un champion plus héroïque qu'il ne l'a été : nous savons bien qu'il entrait dans cette impartialité beaucoup de moquerie, d'incrédulité, de manie de contredire ; nous savons que

____

(1) Dict., art. Florimond de Rémond.

ses justifications ne sont jamais très concluantes, que, s'il déteste les satires violentes, il ne hait pas un peu de médisance et de scandale, qui donne du piquant au récit et excite la curiosité. Mais suspendre son jugement sur des matières délicates, où la passion des partis n'admettait ni doute, ni discussion ; substituer le rire et l'ironie aux malédictions et aux calomnies atroces, n'était-ce pas déjà un progrès dans les voies de la justice et de la vérité ? D'ailleurs, il est un mérite qu'on ne saurait lui contester : c'est d'avoir établi qu'on pouvait être l'adversaire d'un homme sans cesser de l'admirer ou de l'estimer ; qu'on avait le droit d'appeler Grégoire VII un grand pape, même en n'étant pas catholique, et Arnauld un grand esprit, quoiqu'on ne fût pas janséniste.

Nous avons essayé de reproduire, sous toutes ses faces, le scepticisme historique de Bayle ; nous l'avons montré tour à tour irrévérencieux, médisant, agressif, courageux, équitable. Maintenant, si nous venons à considérer les résultats, nous reconnaîtrons que, là comme ailleurs, il ne nous a conduits à la solution d'aucun problème ; qu'il n'a éclairé d'une lumière vive et constante aucune des grandes avenues de l'histoire ancienne ou moderne. Sous ce rapport, il a moins fait que Vossius, moins que Valois, moins que le P. Daniel ; et pourtant son influence, même en histoire, est plus considérable que la leur. Pourquoi ? C'est qu'il a plus qu'eux tous provoqué le réveil de l'esprit critique ; c'est qu'il a popularisé ce mouvement en le rattachant, par ses exagérations mêmes, à un système général de discussion contre le passé. Qu'a-t-il voulu en somme ? Etablir, démontrer quoi que ce fût ? Non ; mais éveiller le goût des recherches, mais soulever les questions, au risque de les laisser en suspens : « Je consens de bon cœur qu'on dise de moi, à cet égard, ce qui fut dit de Varron sur les matières de philosophie, qu'il en avait dit assez pour en faire naître l'envie, mais non pas pour en donner la connaissance (1). » C'est ce rôle d'*initiateur* qui constitue sa puissance et son originalité.

D'un autre côté, si l'idée du scepticisme historique ne lui appartient pas, si bien d'autres l'ont eue avant ou en même temps que lui, l'application qu'il en fait est encore une nouveauté. Quand le P. Hardouin s'abandonnait aux excentricités de sa *Paradoxologie*, il ne cherchait dans le scepticisme qu'une occasion de triomphe pour son érudition. « Voulez-vous, disait-il à un de ses amis, que je me sois levé toute ma vie à quatre heures du matin pour penser comme tout le monde ? » Bayle éprouve bien une certaine jouissance à n'être pas de l'avis des autres ; il a, lui aussi, son amour-propre de contradicteur et de savant, mais il y cherche autre chose encore, un instrument de controverse religieuse, philosophique et sociale ; il en use comme fera plus tard Voltaire, avec plus d'audace et de passion, dans l'Essai sur les mœurs. Le pyrrhonisme historique n'est qu'une des flèches de son carquois. Par là, il complète sa croisade contre le passé ; il conteste la véracité de ses historiens, après avoir confondu l'infaillibilité de ses théologiens et la sagesse de ses philosophes.

____

(I) Dissert. conc. le projet d'un Dict.

CHAPITRE VII.

SCEPTICISME LITTÉRAIRE.

De la critique littéraire dans Bayle. — Nouvelles de la République des Lettres.

L'esprit dogmatique du XVIIe siècle se reproduit en littérature comme en philosophie et en histoire. A peine constituée, l'Académie, sous l'inspiration de Richelieu, s'arroge le droit de juger le Cid. On invoque Aristote au théâtre comme dans l'école. Les poétiques de la Ménardière et de d'Aubignac, les longues dissertations de Corneille sur le poème dramatique, attestent cette préoccupation de la règle, qui s'est emparée de tous les esprits au sortir de l'anarchie intellectuelle et religieuse de l'âge précédent. Plus tard, Boileau, le grand justicier du Parnasse, rédige dans son Art poétique le code littéraire de son temps. Tour à tour combattant et dogmatisant, satirique et législateur, il représente l'orthodoxie du goût, comme Bossuet celle de la foi. — Pour nous, qui contemplons à distance la majestueuse unité du XVIIe siècle, il nous semble qu'un vaste et harmonieux concert s'élève autour du trône où siége Louis XIV ; mais, au dessous de ces voix puissantes dont le bruit remplit les échos de la postérité, il en est d'autres qui se sont

14

perdues dans l'éloignement, et qui retentissaient souvent
avec le même éclat aux oreilles des contemporains. Au
sein de cette activité multiple où la discussion et l'enseignement se mêlent sans cesse, la littérature, comme
la philosophie et la religion, a ses sectes, ses hérésies.
Au début, ce sont d'abord les débris des écoles espagnole
et italienne qui essaient de disputer le terrain à la jeune
école française; puis vient la lutte du romanesque et du
naturel, de la fantaisie et du bon sens ; enfin, au déclin
du siècle, s'élève la grande querelle des anciens et des
modernes. Parmi ces écoles qui se disputent la faveur
du roi et du public, entre ces cabales qui sifflent Racine
et applaudissent Pradon, qui élèvent tour à tour et sacrifient l'un à l'autre Sophocle et Corneille, Démos-
thène et Bourdaloue, Bayle reste neutre. Nous le re-
trouvons, tel qu'il est apparu jusqu'ici, avec sa froide
modération, son indifférence mêlée de bienveillance et
d'incrédulité, tendant la main à tous et ne s'engageant
avec personne, accordant les mêmes éloges aux deux
Phèdres rivales, qu'il appelle *deux tragédies très ache-
vées* (1). Si parfois, dans un moment d'humeur, il laisse
échapper contre Homère quelques unes de ces boutades
qui semblent le rapprocher de La Motte et de Perrault,
il revient au plus vite sur ses pas, et se tire d'affaire
par une plaisanterie, tant il craint d'être enveloppé malgré lui dans un parti! « (2) On l'a traduit (Homère) en
français depuis peu, et on lui a ôté *plusieurs bassesses
qui sont tout à fait éloignées de nos manières* ; mais tous

---

(1) V. Dict., art. Bérénice, sur les deux tragédies de Corneille
et de Racine.

(2) Nouv. de la rép. des lett., mars 1684, art. 8.

ces soins n'ont pas sauvé le prince des poètes du mépris de nos connaisseurs. JE ME GARDERAI BIEN DE DIRE qui sont ceux qui ont le goût dépravé, car je ne veux pas subir l'arrêt terrible qu'avec l'approbation de la plupart de nos savants le jeune Casaubon a prononcé sur tous ceux qui n'admirent pas Homère : *Qui Homerum contemnunt, vix illis optari quidquam pejus potest, quam ut fatuitate sua fruantur* (1). » Cette position intermédiaire était la seule, en effet, qui convînt aux allures de Bayle : elle lui laissait toute sa liberté de critique. Sut-il toujours en profiter ? Non, il faut l'avouer.

Jusqu'à présent, le scepticisme n'a été pour lui qu'un moyen commode de secouer toute autorité, de voyager plus à son aise, d'attaquer et de confondre les systèmes les plus opposés. En matière d'art, d'éloquence et de poésie, sa critique, tout en restant négative, prend un autre caractère. Nous ne trouvons plus là le contradicteur éternel, le questionneur fâcheux, qui mettait aux abois les docteurs de l'Église et de l'école. Ce disputeur, naguère si ingénieux à soulever les difficultés, à signaler les endroits faibles, lorsqu'il s'agissait d'ébranler un système philosophique ou de dépister une tradition suspecte, affecte une réserve, une discrétion qu'on se prend quelquefois à regretter. D'où vient donc cette infériorité ? Elle tient à la nature même de Bayle et aux habitudes de son esprit.

« Il faut de l'âme, dit Vauvenargues, pour avoir du goût. » L'âme, chez le critique comme chez l'artiste, n'est autre chose que la passion, ou du moins le sens du

---

(1) V. Dict., art. Andromaque.

beau. Or, c'est là précisément ce qui manque à Bayle. La passion, elle est morte dans son cœur depuis long-temps ; le beau absolu n'existe guère plus pour lui dans l'art que le vrai en philosophie et en histoire. La perfection est à ses yeux relative, variable ; chaque peuple, chaque siècle, est libre de l'entendre à sa façon. « Les anciens avaient, touchant le front, un goût de beauté qui nous paraît assez extraordinaire, car ils trouvaient que les plus petits fronts étaient les plus beaux... Cela doit nous montrer que la beauté n'est qu'*un jeu de notre imagination, qui change selon les pays et selon les siècles* (1). » Seulement, au lieu d'en faire un objet éternel de désespoir pour l'artiste et l'écrivain, comme il a fait de la vérité pour l'historien et le philosophe, il la croit accessible à tous dans une certaine mesure. Un bon livre, chose si rare, si difficile à trouver pour Boileau, lui semble facile à faire. « Quand vous aurez connu personnellement, écrit-il à son frère cadet, plus de personnes célèbres par leurs écrits, vous verrez que ce n'est pas si grand'chose que de composer un bon livre (2). » Il est vrai qu'il ajoute ailleurs : « *Le dernier est toujours celui auquel je donne la préférence.* » Ce lecteur affamé, qui court d'un volume à l'autre sans pouvoir se rassasier, pardonne aisément à l'écrivain ses incorrections, ses fautes de goût, ses invraisemblances ou ses longueurs, pourvu qu'il trouve dans son œuvre un quart d'heure de régal et d'amusement.

Le purisme en littérature n'est guère plus son fait que

(1) Nouv. de la rép. des lettres, nov. 1685, art. 8.
(2) Nouv. lett., t. 1er.

le stoïcisme en morale. Cette liberté de langage et de composition qu'il réclamait pour lui-même, il l'accorde volontiers aux autres. La forme, le style, le plan, tout ce qui est d'art pur, le préoccupe peu. Amateur de curiosités, il préfère aux morceaux les plus pathétiques et les mieux écrits une anecdote amusante, un fait singulier et inconnu. La savante compilation de Baillet intitulée : *Jugement des savants*, lui paraît un livre rempli de *fort jolies choses*. Cette manie de chercheur et d'antiquaire a tari en lui les sources du goût. Enfin, à cette influence vient s'en joindre une autre encore plus décisive : l'abus de la dialectique, qui dessèche et ôte à la sensibilité ce qu'elle donne à la pénétration. Cette passion finit par l'absorber tout entier. Vers les dernières années de sa vie, lui-même avoue qu'il est dégoûté de tout, excepté des matières de raisonnement. On comprend par là le froid accueil qu'il fait aux pièces d'éloquence (1), l'espèce d'incrédulité qu'il apporte en jugeant ces grands enchanteurs du cœur et de l'oreille, les poètes, qu'il appelle de *beaux pousseurs de sentiments* (2). La préface d'Iphigénie lui cause autant de plaisir que la pièce elle-même. Pourquoi ? Parceque Racine y discute toutes les hypothèses sur le sacrifice d'Iphigénie, les opinions de Lucrèce, de Sophocle, d'Horace, de Pausanias, etc...; parcequ'il s'égaie d'une bévue commise par les adversaires d'Euripide dans la tragédie d'Alceste; parcequ'en un mot cette préface eût été un excellent article du Dictionnaire.

---

(1) Nouv. de la rép. des lett., nov. 1684.
(2) Nouv. lett. crit. sur l'Hist. du calv., lett. 21.

Cependant Bayle est resté, dans l'opinion générale, comme un des plus illustres représentants de la critique littéraire (1). Avant Voltaire, c'est presque le seul nom qu'on se plaise à citer. On a même trop souvent oublié pour lui Boileau et Fénelon, qui, dans un genre différent, il est vrai, lui sont infiniment supérieurs. — Bayle dut surtout cette réputation à ses Nouvelles de la république des lettres. Pendant trois ans (2), il fut comme le rapporteur universel de l'Europe, entretenant chaque mois le public des ouvrages de toute espèce qui paraissaient dans le monde entier. Il s'acquitta de cette mission délicate avec une conscience et une habileté incontestables. A une époque où la critique naissait à peine, où les journaux savants, créés de la veille, étaient hérissés de longues et lourdes dissertations faites pour effrayer les lecteurs les plus intrépides, on fut charmé de ces analyses sobres, rapides, claires, bienveillantes, de ce talent que peu d'hommes ont possédé, même depuis, dans l'art d'exprimer et de résumer les idées d'autrui.

La modération, ou, si l'on veut, la timidité impartiale de ses jugements, acheva de lui concilier la faveur et la confiance de l'opinion. En général, Bayle se contente d'être l'écho de ce qui se dit ou s'écrit autour de lui ; son journal est un miroir où viennent se refléter en abrégé les traits principaux des ouvrages contemporains et les impressions du public. L'auteur parle rarement en son propre nom ; il emploie de préférence les formules générales : *on dit, on pense, on estime.* « Le discours

---

(1) V. M. Sainte-Beuve, Portraits littéraires.
(2) De 1684 à 1687.

de M. Boileau (lors de sa réception à l'Académie française) a été trouvé digne de son esprit et de sa réputation. La plupart de ceux qui en parlent le louent
extrêmement, et ceux qui en disent le moins de bien
font entendre seulement qu'il n'y avait rien d'extraordinaire (1). » Était-ce prudence, politique, ménage-
ment calculé pour ouvrir toutes les portes à son journal? Peut-être, dans une certaine mesure : car Bayle,
par scrupule même de conscience, ne sépara jamais
complétement sa cause de celle de ses libraires ; et,
disons-le à sa louange, il réussit à les enrichir en restant lui-même dans un état voisin de la pauvreté. Mais
cette raison n'est pas la seule : ici encore il obéit à la
pente naturelle de son esprit, à son goût décidé pour
l'abstention. Sa réserve ne s'étend pas seulement aux
vivants ; sur les morts, il n'est guère plus affirmatif. Nous
l'avons entendu tout à l'heure, à propos d'Homère : « *Je
n'oserais me prononcer* ». Ailleurs, dans le Dictionnaire,
même alors qu'il n'est plus seulement rapporteur, mais
juge, mais historien, quand il s'agira de Molière, il dira :
« Plusieurs (2) personnes assurent que ses comédies
surpassent ou égalent tout ce que l'ancienne Grèce ou
l'ancienne Rome ont de plus beau en ce genre. » Doit-
on le mettre au dessus d'Aristophane ? Il n'en sait rien,
et trouve que la comparaison est impossible : il faudrait,
pour cela, connaître les vices et les ridicules des Athé-
niens comme on connaît ceux des marquis de Versailles
et des bourgeois de Paris. S'il lui reproche timidement

------

(1) Nouv. de la Rép. des lett., juill. 1684, art. 8.
(2) Dict., art. Poquelin.

de s'être donné parfois trop de liberté dans l'invention de nouveaux termes, et d'avoir même laissé échapper des barbarismes, il atténue ou efface en partie sa critique par une note placée au bas de la page. « Prenez bien garde qu'on ne blâme ici que l'excès de sa liberté, car, au fond, l'on ne nie pas qu'il ne s'en servît d'une manière très heureuse et qui a été utile à notre langue. » Pour lui, il pardonne aisément à l'auteur du Misanthrope le sac ridicule de Scapin. Au sévère arrêt de Boileau il oppose le témoignage d'un juge moins académique, d'Arlequin : il pense avec lui qu'il faut s'occuper de tout le monde, même du parterre, et servir aux gens des plaisanteries à leur portée. C'est là le système qu'il se félicite d'avoir suivi dans la rédaction du Dictionnaire. Les puristes (et il demande pardon à ces messieurs de les appeler de ce nom), les puristes l'en ont blâmé. Ceux-ci lui ont reproché ses pensées gaillardes, ceux-là ses citations, d'autres ses réflexions philosophiques. « Songent-ils bien, s'écrie Bayle (1), que, si je m'étais réglé sur leurs idées de perfection, j'aurais fait un livre qui leur eût plu, à la vérité, mais qui eût déplu à cent autres, et qu'on eût laissé pourrir dans les magasins du libraire?.... Qu'on fasse la réflexion que faisait Socrate (2) à la vue d'une foire, je le veux bien; mais la foire sera pourtant ce qu'elle doit être. »

Tel est, en effet, le caractère de sa critique dans le Dictionnaire et dans les Nouvelles de la république des lettres. C'est une foire où il admet tous les livres ;

---

(1) Dict., art. Poquelin.
(2) « Quam multis non egeo !

pourvu qu'ils soient nouveaux , il leur accorde à tous à
peu près la même bienveillance et la même place ,
comme à l'étalage d'un libraire ou sur les feuilles d'un
prospectus. On est étonné de trouver côte à côte *Une
réponse à* **M.** *de Meaux sur la communion* et l'analyse
d'*Arlequin procureur* (1), deux ouvrages fort utiles, l'un
à la foi, l'autre à la morale, mais qui ne réussiront pas
à faire de Bossuet un protestant, ni des procureurs de
fort honnêtes gens ; plus loin, *les Désordres de l'amour*
et *la Morale de l'Evangile*, l'*Exposition de la Doctrine
catholique* et une longue *dissertation sur l'usage du
quinquina* , le *Traité de l'unité de l'Eglise* et *le Grand
et fameux problème de la quadrature du cercle* , *Dix
nouveaux Sermons du* **P.** *Allix* et une nouvelle édition
des *Contes de La Fontaine* , que Bayle ne garantit pas ,
il est vrai, *comme un livre de dévotion, mais où les amateurs trouveront de fort beaux récits, et des gravures en
taille-douce bien entendues et dans la bienséance nécessaire* (2). L'annonce d'un phénomène merveilleux ,
d'une épingle trouvée dans l'urètre ou d'une femme qui
accouche d'un grand plat d'œufs, occupe autant de place
que celle des oraisons funèbres de la reine-mère par
Fléchier, et de Condé par Bourdaloue (3). En revanche , le discours prononcé par Bossuet à Notre–Dame
n'est pas même indiqué.

Cette revue rapide et toujours changeante , avec ses
associations bizarres, telles que les amènent l'ordre chro-
nologique ou les lectures du journaliste, avec ses lacunes

---

(1) Nouv. de la rép. des lett., oct. 1684.
(2) Nouv. de la rép. des lett., avril 1685, art. 8.
(3) Nov. 1684.

mêmes et ses caprices, offre un spectacle assez curieux.
Pour nous surtout, dont la perspective a étendu ou modifié les jugements, il est piquant de voir passer associés, confondus dans les mêmes éloges, des hommes et
des livres de mérites bien différents, les uns oubliés le
lendemain, les autres entourés aujourd'hui de tout le
prestige de l'éloignement et d'une gloire incontestée :
Fléchier et M. Anselme, l'abbé de La Chambre (1) *et
Bossuet, M. Ferrier, bon poète françois, et M. Despréaux, aussi bon poète que bon critique.* Bayle n'a pas
la superstition des grands noms : l'enthousiasme est son
moindre défaut. Ses éloges même ont un ton de modération qui laisse place à plus d'un trait narquois jeté en
passant : « Il est certain que M. de Meaux tourne les
choses d'une manière fort délicate, qu'il évite *fort adroitement* les endroits scabreux, et que l'air honnête, la
modestie et *l'art de paraître ingénu* qui règnent dans
ses ouvrages, peuvent rendre beaucoup de services à
la cause qu'il soutient (2). » Quand il s'occupe des
œuvres d'art, on voudrait seulement que sa critique fût
plus pénétrante et plus hardie, comme elle sait l'être
souvent sur des matières bien autrement délicates. Dès
que la théologie, l'histoire, la philosophie, reparaissent,
on sent renaître en lui l'esprit curieux et contradicteur.
C'est qu'en effet, pour Bayle, la question religieuse
domine toutes les autres. On n'a jamais proscrit ni *dragonné* personne pour une tragédie ennuyeuse ou pour

---

(1) Le même qui reçut La Fontaine à l'Académie, et prononça l'oraison funèbre de Marie-Thérèse en concurrence avec Bossuet.
(V. Nouv. de la rép. des lett., juin 1684.)
(2) Nouv. de la rép. des lett., avril 1684.

un mauvais sonnet ; mais les théologiens, les philosophes, les historiens même, ont eu part tour à tour, eux
et leurs livres, aux honneurs de l'interdit et du bûcher.
Indépendamment de son goût naturel, Bayle trouve là
déjà un motif suffisant de prédilection.

Plus tard, il reconnut lui-même tout ce qu'il y avait
de faible et d'incomplet dans ses jugements en matière d'éloquence et de poésie « Je ne faisais point le critique, dit-il, et je m'étais mis sur un pied d'honnêteté. Ainsi, je ne voyais dans les livres que ce qui pouvait les faire valoir : leurs défauts m'échappaient (1). »
Comme critique en littérature, à part le mérite de l'esprit et de la clarté, Bayle n'a qu'un côté vraiment original : c'est cette tolérance universelle à l'égard des
livres et des auteurs, cette indifférence ou cette incrédulité qui fait bon marché de la gloire, et l'accorde volontiers à tous comme un présent de peu de prix ; cette
indépendance des règles, ce dédain de la perfection, qui
semble étrange au moment où le XVIIe siècle achève
ses plus beaux chefs-d'œuvre, où le goût épuré et af-
fermi rend ses arrêts les plus éloquents par la bouche
de Boileau et de Fénelon. En général, les écrivains les
moins dogmatiques, ceux qui, par nature ou par système, se sont montrés les plus disposés à secouer toute
autorité de secte et d'école, admettent cependant des
principes absolus dans les questions d'art et de goût.
Voltaire, qui rit de toutes les infaillibilités, de l'Académie et de la Sorbonne, est un défenseur opiniâtre de la
poétique et de la grammaire ; il attaque tout, hormis la

(1) Réfl. sur le prét. jug. du public, ch. 19.

langue et la règle des trois unités dramatiques. Horace, ce facile ami de la médiocrité en vertu, en sagesse comme en fortune, l'admet partout, excepté en poésie. Bayle est moins rigoureux : partisan de la tolérance, il l'étend même aux œuvres de l'esprit ; il veut que les livres s'entre-supportent comme les hommes, les goûts comme les croyances. « Que chacun se fasse justice, s'écrie-t-il, et considère qu'il n'est pas tout le monde (1). » Par là, son scepticisme littéraire se rattache à la thèse générale que nous traitons ici ; par là encore, Bayle se trouve en opposition avec son siècle, et réalise, dans sa République des lettres, cet idéal d'anarchie paisible qu'il réclamait ailleurs pour toutes les opinions.

____

(1) Nouv. de la rép. des lett., août 1684, avert.

CHAPITRE VIII.

INFLUENCE DE BAYLE SUR SON SIÈCLE ET SUR LE SIÈCLE SUIVANT.

Bayle nous est apparu comme le génie de la contradiction à la fin du XVIIe siècle; il nous représente la négation sceptique et railleuse se posant en face de l'affirmation hautaine et solennelle. En lui se trouvent déjà tous les caractères de l'ère nouvelle : inquiétude d'esprit, ardeur de curiosité, témérités de critique, renommée bruyante, grossie par le scandale et les rigueurs de l'autorité. Les Pensées sur les comètes sont arrêtées par la police, la Critique de l'Histoire du calvinisme brûlée en place de Grève par la main du bourreau, le Dictionnaire frappé d'interdit. Pourtant, qui le croirait? Cet écrivain dont le nom fait tant de bruit et soulève tant de haines est un homme doux, pacifique, modéré; il vit dans son cabinet avec ses livres, loin des intrigues et des cabales; il refuse d'entrer dans aucune académie par crainte des querelles inévitables entre savants; il déteste les *entre-mangeries professorales*. Et cet homme si retiré est le plus affairé qu'il y ait au monde; cet ami de la paix met le feu aux quatre coins de l'Europe; cet ennemi des querelles a sur les bras tous les disputeurs catholiques et protestants, et il prêche la concorde au milieu de ce chaos. Avec lui commence à s'établir d'un bout du monde à l'autre ce vaste courant d'idées et de controverses sur lequel Voltaire fondera plus tard sa royauté de publiciste et de philosophe. Il n'est pas encore le grand distributeur de la renommée, le maître de l'opinion, mais il est déjà le *nouvelliste universel*, qui passe au crible de sa critique les livres, les systèmes et les réputations. Le premier, il communique à notre littérature cette humeur voyageuse et cosmopolite qu'elle portera partout au siècle suivant. La révocation de l'édit de Nantes, en éparpillant des Français dans le monde entier, favorise cette diffusion des idées. Bayle a des correspondants, des amis, des adversaires, en Angleterre, en Allemagne, en France, en Suisse, en Hollande. Quoiqu'il s'inquiète peu de faire école, on dit déjà un *bayliste* comme on dira plus tard un *voltairien*. Ses livres s'impriment à Londres, à Genève, à La Haye, à Rotterdam. Dénoncés, poursuivis, traqués par la police, les consistoires, les académies, ils franchissent clandestinement la frontière, s'introduisent dans les écoles et les salons. Un simple écrivain, un proscrit, armé de sa plume, avec la complicité des libraires et du public, devient une puissance qui peut inquiéter même les rois. Guillaume III, au milieu de sa gloire et des soucis de la coalition, Christine de Suède dans sa retraite, après avoir dit adieu aux grandeurs du monde, se préoccupent d'un mot lancé dans les Pensées sur les comètes et dans les Nouvelles de la république des lettres (1). Chaque ouvrage de Bayle soulève autour de lui une nuée de

----

(1) V., à ce sujet, Nouv. de la rép. des lettres, janv. 1687, art. 1.

pamphlets, de réfutations, d'apologies. Nous avons déjà
nommé quelques-uns de ses adversaires et de ses amis,
Leibnitz, Jurieu, Saint-Évremond, Leclerc, Basnage.
A ces noms illustres, il faut joindre ceux de Huet, de
Malebranche, d'Arnauld. Boileau lui-même, devenu vieux
et chagrin, s'intéresse à la lecture du Dictionnaire,
comme Bayle l'apprend de son correspondant M. Marais
(2 octobre 1698). Puis vient la phalange des Bernard,
des Jaquelot, etc..., écrivains médiocres, qui durent à
l'éclat de ces controverses et à la réputation de leur adversaire un moment de célébrité. En même temps, le
P. Le Fèvre écrit ses dialogues entre un bibliothécaire
bayliste et un redoutable abbé catholique, qui perce à
jour du premier coup tous les sophismes du philosophe.
Les jésuites de Trévoux, habiles appréciateurs de Bayle,
lui reconnaissent beaucoup de force et de talent lorsqu'il
penche vers le catholicisme, et le trouvent au contraire
très faible et très emporté quand il revient à l'hérésie.
Plus tard, Crouzas, le P. Porée, Dubois de Launoy, les
auteurs de la Religion vengée, etc..., continuent cette
longue série de réfutations.

Parmi ces ouvrages nés de la circonstance et jetés
chaque matin par la presse à un public avide de nouveautés et de discussions, un seul est resté : la *Théodicée* de Leibnitz ; tous les autres sont enfouis aujour-
d'hui dans la poussière des bibliothèques. Les écrits de
Bayle eux-mêmes, à l'exception du Dictionnaire, ont
perdu une grande partie de leur intérêt : ce n'est plus
qu'une cendre éteinte, que quelques curieux ont encore
la patience de remuer, pour y chercher la trace des luttes
passées. Bayle, qu'on ne lit plus guère maintenant, est

cependant resté comme un grand nom, autour duquel on continue à se disputer avec d'autant plus d'ardeur que beaucoup de gens en parlent sans le connaître. Il semble que cet infatigable pyrrhonien ait voulu léguer à la postérité une dernière énigme : celle de sa propre réputation.

En effet, depuis Descartes et avant Voltaire, nul homme n'a trouvé des admirateurs plus enthousiastes, ni des ennemis plus acharnés ; nul n'a plus souvent embarrassé la critique impartiale par les contradictions sans nombre de son caractère et de ses écrits. Les philosophes du XVIIIe siècle le citent à tout propos comme le modèle du sage ; ils vantent sa modération, sa tempérance, sa probité, son désintéressement (1). Voltaire rappelle avec orgueil l'arrêt du parlement de Toulouse qui déclare le testament de ce *grand homme* valide en France, malgré la rigueur des lois. Les écrivains religieux, de leur côté, l'ont souvent présenté comme un génie malfaisant, entraîné par le seul amour du désordre et de la destruction. Racine le fils, dans un accès de pieuse indignation, l'appelle *un homme affreux*. On comprend la reconnaissance de l'école philosophique, malgré tout ce que Bayle a écrit contre la raison ; elle

---

(1) Le duc de Shrewsbury offrit à Bayle 1,200 guinées s'il consentait à lui dédier son Dictionnaire : Bayle refusa. Il rejeta de même les propositions avantageuses des comtes de Hermlington et d'Albermal, qui désiraient le posséder auprès d'eux. Dans une lettre écrite à M. Desmaizeaux, il fait répondre à mylord Shaftsbury, qui lui offrait de l'argent et des livres : « J'ai un assez bon *memento* par une belle montre qu'il voulut à toute force que j'acceptasse de sa part. Un tel meuble me paraissait alors très inutile ; mais présentement il m'est devenu si nécessaire que je ne saurais m'en passer. » (3 avril 1706.)

trouvait dans ses livres tous les éléments de la dispute, une érudition improvisée facile à recueillir, une dialectique rapide, amusante, faite pour le combat, des arguments préparés à l'avance, des sophismes et des paradoxes habilement combinés. Les pièces du procès étaient réunies, il ne restait plus qu'à les faire valoir. Durant un siècle, le Dictionnaire deviendra l'arsenal où les encyclopédistes iront chercher leurs meilleures armes ; mais, pour être juste, il faut reconnaître que cet arsenal restait ouvert à tout le monde. Les philosophes s'en emparèrent, parcequ'ils avaient alors pour eux l'audace, le nombre et l'esprit du temps. Avec plus de hardiesse ou de talent, leurs adversaires eussent pu en faire autant, et opposer souvent Bayle à lui-même. Au commencement du XIXe siècle, quand viendra la réaction religieuse contre l'esprit sceptique et destructeur de l'âge précédent, MM. de Maistre, de Bonald, Lamennais, reprendront avec conviction la plupart des arguments que l'auteur du Dictionnaire invoquait en plaisantant contre les incrédules et les philosophes. Celui-ci, en effet, ne s'était pas proposé de servir les intérêts exclusifs d'une école ou d'un parti. Il avait voulu simplement, comme il le dit lui-même, ouvrir un marché où toutes les sectes viendraient faire leurs provisions : théologiens et philosophes, Vaudois et jésuites, catholiques et protestants, il les appelait tous, leur offrait des arguments et des conseils, sans se demander s'il compromettait des amis ou servait des adversaires. Cette insouciance, qui livrait ainsi des armes à toutes les causes, bonnes ou mauvaises, n'était pas sans périls : elle devait amener une mêlée générale où l'erreur pouvait triompher un instant de la vérité. Mais est-ce à dire pour cela que Bayle ait été un ennemi systématique de la religion, qu'il ait rêvé sérieusement, comme Diderot, la ruine du christianisme et de tout culte établi? Non. Il contredit tout le monde, mais il n'est l'ennemi de personne, si ce n'est peut-être de Jurieu. La haine est un sentiment trop absolu, trop constant, nous dirions volontiers trop despote, pour que sa nature indépendante et capricieuse puisse s'y condamner. Quand Voltaire attaque le catholicisme, on sent la colère sous le rire; il est en face d'un ennemi redoutable, et il apporte dans cette lutte toute la passion et l'amour-propre d'un chef d'armée. Rien de semblable chez Bayle : ce qu'il y a de plus hardi en lui, c'est son impartialité, c'est ce mépris des idées reçues jusque alors, qui confond dans la même indifférence Mahomet, Luther et Loyola. L'individualisme brisant les liens de l'Église et de l'école, s'affranchissant des antipathies et des respects obligés, pour s'ériger en arbitre souverain des doctrines et des traditions, telle est la partie vraiment neuve, vraiment audacieuse dans Bayle, plutôt encore que ses attaques contre la religion, qui se réfutent l'une l'autre. C'est cet *esprit particulier*, si odieux à Bossuet comme à tous les hommes d'autorité, qui s'introduit partout au siècle suivant, qui discute les origines des cultes, des sociétés, des gouvernements, par la bouche de Voltaire, de Rousseau, de Montesquieu.

En tournant contre le dogmatisme du passé le principe de contradiction, Bayle prévoyait-il la conséquence de ces doutes jetés chaque matin sur la religion, la philosophie, l'histoire? On peut affirmer que non. Il s'était lancé d'abord en avant sans trop savoir où il allait, lui-

même en fait l'aveu. « En commençant à vous écrire,
je ne savais pas de quoi je vous parlerais à la troisième
page (1). » Certes, quand il disputait contre MM. Jurieu,
Leclerc, Bernard, Jaquelot, il ne se doutait guère qu'il
dût être le promoteur d'une révolution philosophique et
bientôt sociale. Il mourut sans l'avoir entrevue, comme
ces soldats qui tombent aux avant postes, dans une
escarmouche, sans se douter qu'ils ont commencé une
grande bataille.

Au fond, quelle était sa pensée ? Il voulait seulement
attaquer le système d'intolérance qui avait jeté des milliers de familles dans la misère et dans l'exil, opposer
aux droits de l'Église et de l'État ceux de la conscience
individuelle, rabattre le dogmatisme des philosophes et
des théologiens, rendre aux partis dans l'histoire un
peu de cette justice et de cette tolérance qu'il réclamait
pour eux dans le présent ; enfin, et c'est là son côté faible, donner libre carrière à cette humeur inquiète et
disputeuse qui fut la passion de toute sa vie.

De la fortune, de la gloire, de l'avenir même de ses
idées, il s'en inquiétait médiocrement. Il ne se deman-
dait pas, comme Voltaire mourant, ce que deviendraient
après lui ses doctrines ; il ne songeait pas à leur laisser,
comme le patriarche de Ferney, des patrons et des
clients couronnés. Esprit aventureux, trop modeste et
trop libre pour aspirer aux honneurs et aux ennuis de
l'apostolat, il avait jeté aux vents, du fond de son cabinet,
mille nouveautés étranges, hardies, mêlées d'erreur et
de vérité : il laissait au hasard le soin de les répandre.

____

(1) Pens. sur les com., 1re part., ch. 272.

Malgré cette indifférence, on ne peut nier qu'il a exercé sur l'âge suivant une influence considérable. Il n'est peut-être pas une idée soulevée par le XVIII⁰ siècle, pas une, même, agitée de notre temps, qui ne se trouve déjà dans Bayle. Depuis les discussions célèbres sur la liberté de conscience jusqu'à la ridicule question des classiques profanes (1), tout ce que la religion, la philosophie, l'histoire, la littérature, la politique, la morale, peuvent embrasser, a été touché par ce singulier génie. Jamais le bien et le mal, le faux et le vrai, n'ont été mêlés avec plus de profusion : Bayle verse l'un et l'autre sur le monde d'une main légère et insouciante, sans s'inquiéter du lendemain.

Mais ces résultats auxquels il n'a point songé, nous pouvons les juger aujourd'hui. A un siècle et demi de distance, il nous est permis de nous demander quelle a été sa part dans les fautes comme dans les progrès de l'avenir. Son influence, il faut bien l'avouer, a été désastreuse sous certains rapports. Les combats d'idées ont leurs excès et leurs misères, comme les luttes matérielles que les Etats se livrent entre eux. Si modérés que soient les hommes mêlés à ces querelles, il leur est aussi difficile d'employer des arguments inoffensifs qu'aux soldats de lancer des bombes qui ne causent pas de ravage, ou de frapper avec des armes qui ne tuent pas. Et puis, qui peut répondre de ne point se laisser

----

(1) Il est inutile de dire que Bayle est de l'avis de l'abbé Gaume. Le paradoxe était trop séduisant pour ne pas l'essayer. Mais ce n'est là qu'une boutade jetée en passant et bientôt démentie. (Cont. des Pens. sur les com. — Nouv. de la rép. des lett., mai **1686**, art. 6. — Nouv. lett. crit. sur l'Hist. du calv., 6.)

entraîner par la chaleur de l'action, de ne jamais dépas-
ser son but, de n'être pas débordé par ceux auxquels on
fraie la route? Combien de gens depuis Erasme (1) ont
commencé les révolutions sans y songer, quitte à se
tourner contre elles après les avoir faites! Bayle est devenu ainsi l'auteur involontaire de grands désordres,
contre lesquels il eût peut-être protesté, s'il eût vécu. Il
a troublé bien des esprits, inquiété bien des consciences ; il a provoqué ce malaise qui aboutit au scepticisme
de l'âge suivant, et dont nous ne sommes pas complète-
ment guéris aujourd'hui. On ne saurait dire de lui,
comme de certains écrivains, qu'il est venu pour consoler et raffermir l'humanité. Homme de révolution,
malgré ses allures timides, sa vie paisible et retirée, il a
jeté la guerre en ce monde. En armant l'une contre
l'autre la foi et la raison, il a commencé ce déplorable divorce qui se prolonge pendant toute la durée du
XVIIIe siècle entre la science et la religion ; en rompant
avec la tradition, en se séparant de toute autorité, il a
ébranlé ce sentiment conservateur que Louis XIV eut
le talent d'inspirer à son siècle et qui en fit la grandeur,
le respect ; en épuisant sous toutes ses formes le principe protestant de l'*interprétation individuelle*, sans lui
donner d'autre règle que le caprice, en le mettant au
service des paradoxes les plus étranges, il a introduit
partout l'incertitude et l'anarchie des opinions ; en jouant
avec le sophisme, il a communiqué au public et aux au-

______

(1) « *Eum sœpe diclitare memini*, *dum adviverct, si prœscisset* tale
sæculum exoriturum, quale hoc nostrum est, se multa non fuisse
scripturum, aut isto modo non scripturum. » (Beat. Rhen. ad Ca-
rol. Quint. Epist. — Erasm., op., præf.)

teurs le goût des singularités hardies et des scandales retentissants ; en combattant l'erreur, il a souvent frappé du même coup les vérités les plus respectées et les plus dignes de l'être ; enfin ses libertés de récit, ses étourderies ou ses inconvenances mêlées de maximes édifiantes, ont inspiré l'esprit moqueur et licencieux du XVIII⁰ siècle. A force de désenchanter le monde, il lui a montré à rire de tout. Quelques années plus tard, Montesquieu aura le droit de s'écrier : « On ne saurait croire où en est venue de nos jours la décadence de l'admiration ! » — Mais du moins, que ce soit là son excuse ! à travers les doutes, les paradoxes et les excès de la polémique, il a eu la gloire de défendre une idée généreuse : la *liberté de conscience*. Ce qu'il y avait de faux, d'outré, dans ses attaques, ce qui était inspiré par les besoins ou les passions du moment, a disparu déjà en partie dans le torrent des erreurs et des préjugés que chaque siècle porte avec soi au néant ; mais les idées vraies, honnêtes, conformes à l'éternelle justice et aux progrès de la société, ont triomphé. On a oublié le malheureux plaidoyer en faveur de l'athéisme, mais en revanche on ne croit plus qu'un hérétique soit digne des galères. On ne lit plus le Commentaire philosophique, mais personne aujourd'hui n'oserait soutenir sérieusement le sens littéral de la parabole : *Contrains-les d'entrer*. Les deux grandes conquêtes politiques et religieuses que Bayle réclamait ou entrevoyait sont obtenues : 1° la tolérance est inscrite en tête de nos codes ; 2° la société civile s'est organisée à côté et en dehors de la société religieuse ; la paix est née de leur séparation.

En philosophie, son influence, quoique moins directe

et moins sensible au premier aspect, est pourtant sérieuse. Bayle est encore un cartésien, mais un de ces cartésiens modérés qui abandonnent volontiers les plus chères idées du maître, et ouvrent tout doucement la porte à de nouveaux systèmes. Il est en correspondance avec M. Coste, le traducteur de Locke, et témoigne la plus vive admiration pour le philosophe anglais. « Je puis dire que l'auteur (Locke) me paraît raisonner d'une grande force... Sur les idées innées, je vous avoue qu'il me paraît victorieux, et qu'il faut donner à son combat la gloire du *debellatum est* (1). » Quand il écrivait ces lignes, se doutait-il de l'importance qu'allaient prendre les doctrines de Locke quelques années plus tard ? Songeait-il que cette philosophie nouvelle, partie d'Angleterre, s'étendrait à tout le continent, et régnerait victorieuse pendant un siècle sur les ruines du cartésianisme ? Non, sans doute ; mais en désenchantant la raison des abstractions pures, en montrant le vide et l'incertitude des discussions métaphysiques, il préparait les esprits à cette réaction dont Condillac devint en France le représentant.

Un autre trait particulier qui lui est commun avec le XVIII° siècle, c'est la manière dont il emploie la philosophie. Il la fait descendre des hautes régions de la spéculation désintéressée, pour l'appliquer aux besoins quotidiens de la polémique. Elle est pour lui moins une étude qu'une arme ; elle ne sera pas autre chose aux mains de Voltaire, d'Helvétius, de Diderot ; elle montera sur le théâtre, s'introduira dans l'histoire, dans le conte,

______

(1) Lett. à M. Coste, 17 sept. 1703.

dans le roman, prenant toutes les formes, légère, pro-
fane, superficielle, pour se mettre à la portée de tous les
esprits. Le Dictionnaire est un premier essai de vulgari-
sation philosophique, renouvelé plus tard par les auteurs
de l'Encyclopédie.

Enfin cette étude incomplète mais impartiale des principaux systèmes, cet art de les mettre en présence et de
faire ressortir le fort et le faible de chaque école, a
aussi son importance. Le mot d'*éclectisme* appliqué à Bayle
serait presque un anachronisme : il court d'une secte
à l'autre pour y chercher des *doutes* plutôt que des *solutions ;* mais s'il n'est *éclectique* ni par la méthode, ni par
le but avoué, du moins en a-t-il déjà l'esprit, ou, pour
mieux dire, le tempérament, un certain fonds d'équité
qui le met en garde contre les préjugés, l'absence d'originalité, et, par suite, de ténacité dans les opinions, le
sens critique développé peut-être au détriment des fa-
cultés créatrices, mais porté à un degré où il devient
réellement une puissance.

M. Saint-Marc Girardin signalait dernièrement, à
propos des mémoires de Mallet du Pan, les progrès du
cosmopolitisme politique dans nos sociétés modernes.
Il faisait remarquer avec raison que ce sentiment est
naturel aux hommes qui ont beaucoup vu, beaucoup
voyagé ; aux émigrés surtout, qui ont partagé le pain de
l'étranger et qui se sont instruits à la rude école des
révolutions. Bayle est un vrai cosmopolite, en philosophie comme en religion ; bien qu'il vive dans son cabinet, c'est un voyageur, un aventurier de la pensée, qui
court de système en système, comme Ulysse de pays en
pays. Il n'est pas seulement exilé de sa patrie ; il s'est

fait à lui-même un exil volontaire en dehors de toutes
les sectes, pour avoir le droit de les juger. Or l'éclectisme
philosophique est une forme de l'esprit cosmopolite.
M. Lamartine est, à son insu peut-être, le disciple
d'un grand philosophe contemporain, lorsqu'il dit :

> Je suis concitoyen de tout homme qui pense;
> Mon pays, c'est la vérité.

Par là encore Bayle annonce déjà un des caractères
de la société nouvelle.

En histoire sa place est marquée parmi les fondateurs
de la critique. Là aussi il assemble trop souvent des
nuages plutôt que des éclairs; le côté négatif domine
toujours. Il agit par instinct plutôt que par méthode. De
là cette marche indécise et désordonnée de ses recherches. Mais qu'importe? le mouvement est donné. Il
deviendra plus régulier, plus désintéressé, plus savant,
et aboutira aux grands travaux des Fréret, des Mably,
des Montesquieu, en attendant ceux des Augustin
Thierry, des Guizot, des Michelet. — Unie à la philosophie, l'histoire va partager avec elle le gouvernement
des esprits. La controverse se déplace; le passé devient le champ de bataille où se rencontrent les écoles
et les partis. En même temps, la lumière se fait ;
le jour de la réparation arrive pour plus d'une cause
trahie et persécutée dans l'histoire comme elle l'avait
été jadis dans le monde. Ces appels faits à la conscience
de la postérité n'ont pas toujours été purs de calculs et
de passion. Les plus mauvaises causes ont trouvé des
avocats pour les défendre ; mais toutes les hardiesses du

paradoxe n'ont pu étouffer la voix de la morale et de la vérité.

Bayle, en provoquant ce mouvement, préparait le triomphe de la seule idée à laquelle il ait tenu. Dans ce vaste relevé des erreurs et des misères d'autrefois, chaque parti est obligé de reconnaître qu'aucun système n'a été parfait. Aux exagérations de la haine et de l'enthousiasme succède un sentiment plus calme : celui de la tolérance. Saint-Évremond, terminant à Londres sa vie aventureuse à l'âge de 90 ans, soupirait après le jour où ce sentiment philosophique et chrétien régnerait enfin dans le monde. Après avoir lu le Dictionnaire, il écrivait à M. Desmaizeaux ces vers, qui sont comme la conclusion et le résumé des idées de Bayle :

> Au lieu de disputer toujours sur la créance,
> Par trop d'attachement à notre opinion,
> Regardons comme on vit, sans chercher comme on pense,
> *Et dans le bien qu'on fait trouvons notre union.*

La morale était excellente, mais la route du scepticisme était-elle la seule qui pût y conduire? Bayle, prêchant la tolérance au nom de l'indifférence et du mépris pour toutes les doctrines, était-il plus sage que Leibnitz, Locke et Fénelon, la réclamant au nom de la justice et de la charité? Nous renverrons au chapitre suivant l'examen de cette question.

CONCLUSION.

Dès le commencement de ce travail, nous avons indiqué la marche adoptée par Bayle ; nous avons montré comment il fait sortir la paix de la guerre, en passant de la contradiction au doute, du doute à l'indifférence, de l'indifférence à la tolérance. Il nous reste maintenant à porter un dernier jugement sur ce système considéré dans ses détails et dans son ensemble, à en apprécier les avantages ou les dangers : ce sera là notre conclusion.

Comme instrument de combat, le principe de contradiction est une arme excellente, brusque, rapide, meurtrière, souple aux caprices du sophisme et aux subtilités de la dialectique. Mais là s'arrêtent ses avantages. Fait pour attaquer et détruire, il est incapable de défendre ou d'établir quoi que ce soit. Il ressemble à ce gladiateur dont parle un ancien : *Pugnat gladio magis quam scuto.* Or la guerre, et surtout la guerre offensive, ne saurait être l'état normal des esprits, pas plus que des sociétés. Ce procédé peut être efficace, le jour où il arrive comme la protestation d'un droit méconnu, comme le cri de la conscience et de la raison humaine s'exprimant par la bouche de Socrate ou de Descartes. L'ironie socratique est une application discrète du principe de contradiction. Les sophistes l'employaient sans discernement, sans limite, et arrivaient ainsi à contester et à confondre toutes les notions de bien et de mal, de faux et de vrai. Socrate le retourne contre eux et les bat avec leurs propres armes. Ressource extrême invoquée dans un moment de crise, il peut aider l'esprit à sortir de l'erreur pour s'élever à des vérités nouvelles ; mais il faut qu'il soit un instrument passager. Si l'on essaie de l'éterniser, de le transformer en système pour le tourner indifféremment contre l'erreur et la vérité, alors il aboutit aux conséquences absurdes du nihilisme allemand.

Un autre défaut de ce principe, c'est de tourner bien vite entre les mains de ceux mêmes qui l'emploient. Ces revirements imprévus, ces trahisons perpétuelles que Bayle se permet envers tous les partis, à force d'être consciencieux et impartial dans *son jeu de bascule*, sont la conséquence naturelle de sa méthode. Enfin, la contradiction prolongée ne se soutient que par le paradoxe : or le paradoxe, lui aussi, a ses dangers. On commence par jouer d'abord avec ces hardiesses, auxquelles on ne croit pas, et dont on se sert pour effrayer ou intriguer les esprits ; mais il se trouve des gens qui, faute de sens ou d'honnêteté, prennent au sérieux la plaisanterie. Bayle plaide la cause de l'athéisme avec l'indifférence railleuse d'un pyrrhonien ; Diderot la défendra un jour avec l'emportement d'un fanatique. Un matin, la société se réveille en sursaut, effrayée par une négation audacieuse : c'est tout simplement un maladroit, ou quelquefois un habile homme, qui lance un paradoxe étourdissant en faisant jouer le principe de contradiction.

Tout en reconnaissant l'adresse infinie avec laquelle

Bayle l'a employé, tout en admettant qu'il a su en faire
un levier puissant pour remuer les idées, nous sommes
donc obligés d'avouer qu'il a laissé là une arme dangereuse entre des mains perfides ou inhabiles. Nous dirons
la même chose de ce pyrrhonisme prémédité, dont il
prend si gaîment son parti. Un génie à la fois hardi et
contenu, comme Descartes, a pu s'en emparer un jour,
un instant, et le pousser d'une main vigoureuse contre
le dogmatisme vieilli de l'école. Assez maître de lui
pour l'arrêter à temps, il sait lui faire sa part; encore le
chasse-t-il bientôt comme un hôte incommode, dont il
débarrasse pour toujours le champ de la philosophie.
C'est le premier mot de sa méthode. Mais changez
l'homme et les circonstances ; mettez ce scepticisme au
service d'un esprit léger, flottant, railleur, avide de
nouveautés et de destruction, qui, loin de songer à le
rejeter comme un ennemi, l'accueille, le retienne et le
caresse comme un passe-temps et comme une arme de
prédilection : il aura bientôt franchi toute limite, [tout
envahi, tout bouleversé. Et pourtant, rien de plus modeste à l'origine. C'est un amusement d'esprit, s'écrie
Bayle : laissez donc ce doute innocent courir et s'ébattre
autour de toutes les doctrines, les railler et les confondre. Pourquoi s'en inquiéterait-on ? La lutte, en effet, est
divertissante ; mais les résultats le sont ils ? Cette guerre,
qui commence par le rire, finit trop souvent par la tristesse et l'épuisement. Que Bayle n'en ait point souffert,
il n'y a là rien d'étonnant. Tant que les partis sont aux
prises, ces doutes, dont s'amuse l'esprit, sont comme
les blessures qu'on reçoit sans les sentir dans la chaleur
du combat. Mais le lendemain, quand on n'aperçoit que

des ruines autour de soi, l'inquiétude et l'ennui finissent
par gagner les âmes. Alors les uns, comme Byron, pous-
sent un cri de désespoir et font un dernier appel au néant;
les autres, comme Julien, à Rome, comme MM. de Maistre et de Montlosier, au commencement du XIXe siècle,
essaient de rebrousser chemin, et de reconstruire avec
les ruines du passé un abri pour la société : tâche
impossible presque toujours. Une fois privé du point
d'appui que lui offrait la fixité des croyances et des
traditions, le monde est condamné à des oscillations
perpétuelles, jusqu'à ce qu'il retrouve une base solide
sur laquelle il puisse construire et se reposer.

Ce repos, il est vrai, les pyrrhoniens nous le promet-
tent : c'est le plus cher objet de leur ambition, la récompense de tant de courses errantes et de recherches
stériles. Seulement, au lieu d'y arriver par le retour à
l'affirmation, ils prétendent nous y conduire par une
série de négations infinies. Au delà du doute, l'indifférence s'ouvre comme un port calme et sûr pour le sage
fatigué. C'est là que, débarrassé de toute opinion dogmatique, il doit trouver cette vertu tant désirée, ce remède à toutes les blessures causées par la haine ou l'orgueil des partis : la tolérance.

La transition est-elle aussi simple, aussi inoffen-
sive que Bayle semble le supposer ? Cette indifférence
elle-même est-elle un abri bien assuré ? Enfin, croit-on
rendre l'homme plus heureux et plus fort en lui arra-
chant ainsi du cœur une à une toutes ses croyances?
Guérir un malade de la fièvre par la paralysie nous semble un assez triste remède. Cette vertu froide et négative,
dans laquelle viendraient s'éteindre les ardeurs de l'es-

prit de parti, serait peut-être plus funeste encore que l'intolérance. C'est l'âme qui fait les orateurs, a-t-on dit autrefois ; c'est elle aussi qui fait les grands poètes , les grands philosophes , les grands citoyens. L'indifférence ne tue pas seulement la foi, elle dessèche le cœur, arrête l'essor du génie, étouffe cette noble passion du vrai aussi nécessaire au philosophe que celle du beau l'est à l'artiste. Avec elle, l'intelligence n'est plus qu'un pâle soleil , qui éclaire sans échauffer. Tout ce qu'elle peut produire en religion, c'est la mort ; en philosophie , une légèreté futile ou une apathie orgueilleuse ; en morale , une molle nonchalance ou un cynisme révoltant ; en politique, la servitude et l'égoïsme. Pyrrhon voit son maître Anaxarque tombé dans un fossé, et ne daigne pas lui tendre la main : c'est là l'image du citoyen indifférent dans l'Etat. Dernière vertu des sociétés qui s'en vont, elle peut tout au plus leur apprendre à mourir sans trop de regret.

Mais, pour les peuples comme pour les individus , l'important est de vivre et de remplir sa tâche. Or, on ne vit, on n'agit, on n'est quelque chose en ce monde, qu'à la condition d'avoir une passion. Nous n'en voulons d'autre exemple que celui des hommes qui ont prêché l'indifférence : Voltaire a tout l'enthousiasme d'un apôtre ; Bayle lui-même, malgré sa froide modération, a bien aussi son grain de passion au fond du cœur, lorsqu'il plaide la cause de la tolérance. Lui reprocherons-nous de s'être donné un démenti ? Loin de là, nous le féliciterons d'avoir été dogmatique par la conclusion , après avoir été sceptique sur tout le reste. Sa gloire de philosophe est là tout entière dans cette idée de tolérance, la seule qui reste, comme l'étoile polaire de son système, toujours fixe et brillante au milieu des nuages qu'il assemble de tous côtés.

Pourtant, dira-t-on, si Bayle n'eût point été sceptique, aurait-il pu être tolérant? Qui veut l'effet veut la cause. Admettant la conclusion, a-t-on le droit de rejeter les prémisses? L'objection est spécieuse, et vaut la peine qu'on y réponde. Elle a été l'objet d'un débat solennel au commencement de notre siècle (1), et a failli mettre en péril un moment la liberté de conscience. Elle ne porte pas seulement sur un détail, mais sur l'ensemble du système; aussi est-ce à dessein que nous l'avons réservée pour la fin de cette étude.

En indiquant la route par laquelle Bayle prétend nous conduire à la paix universelle, nous n'avons pas cherché à dissimuler les piéges et les précipices dont elle est semée. Si cette voie était la seule, si l'âme humaine devait abandonner toutes ses convictions pour acquérir en échange la tolérance et l'impartialité, on comprendrait qu'elle s'arrêtât effrayée, qu'elle se rejetât avec une sorte de fureur ou de remords vers ces haines qui du moins la faisaient vivre, en maudissant cette stérile vertu qui la condamnerait au sommeil et à la mort. Mais est-il vrai que le doute soit la seule porte ouverte à la concorde? Est-il vrai que le zèle religieux devienne nécessairement persécuteur, qu'indifférence et tolérance soient deux mots synonymes inséparables?

____

(1) De l'indifférence en matière de religion, par Lamennais.

Bayle l'a cru évidemment. On peut voir, dans la 3e et la 4e partie de ses Réponses aux questions d'un provincial, ses derniers sentiments à ce sujet. Déjà, dans ses Nouvelles de la république des lettres, faisant allusion au projet de conciliation entre les deux Églises, rêve généreux agité un moment par Leibnitz et Bossuet, il avait dit d'un air railleur : « C'est bien la plus grande chimère du monde que de s'amuser à réunir des religions; c'est chercher la pierre philosophale ou la quadrature du cercle..... Y a-t-il rien qui rende l'homme plus farouche, plus impitoyable et plus loup à un autre homme, que le faux zèle qu'il conçoit contre une autre religion? Pour peu que l'on ait de disposition à être malhonnête homme, il ne faut que cela pour nous achever (1). » Dans le supplément au Commentaire philosophique il ajoute : « Il n'y a que deux sectes qui admettent la tolérance, les sociniens et les arminiens. De ces deux sectes, la première n'est guère plus visible que l'Église des élus; la seconde se trouve à peine dans quelques villes de Flandre. » Vers la fin de sa vie surtout, découragé par les haines et les persécutions réciproques des catholiques et des protestants, il se demande pourquoi la tolérance a tant de peine à s'établir, et il arrive à conclure qu'elle est antipathique à toute espèce de religion ancienne ou nouvelle, orthodoxe ou schismatique. A l'appui de cette assertion, il cite les professions de foi publiées par les théologiens des deux partis (2). Toutes s'accordent pour imposer aux souverains le de-

____

(1) Nouv. de la rép. des lett.. déc. 1685, art. 3.
(2) Rép. aux quest. d'un provincial, 3e et 4e part.

voir de maintenir par le glaive la religion établie, et aux peuples l'obligation de faire passer l'obéissance à Dieu avant celle qui est due aux rois : contradiction effroyable qui place les sujets hérétiques entre une trahison envers Dieu et une révolte contre le prince, entre les flammes de l'enfer et celles du bûcher. Calvin s'était chargé de la rendre plus atroce encore en donnant aux hommes le droit d'examen, à condition de ne jamais se tromper, sous peine d'exil ou de mort. La société est restée enfermée dans cette impasse, et condamnée à des luttes sans fin, jusqu'au jour où la séparation absolue des deux pouvoirs civil et religieux est venue trancher la difficulté. Mais si Bayle a raison sur ce point contre Bossuet et Jurieu, serons-nous de son avis lorsqu'il soutient que pour établir la tolérance la politique devra nécessairement sacrifier au bien public le premier axiome de toute religion ? Reconnaîtrons-nous avec lui que Philippe II, chassant les Maures, brûlant les juifs, dépeuplant ses états et préparant par un zèle sauvage la décadence de l'Espagne, ait obéi aux prescriptions rigoureuses de l'Église catholique ? La foi et la liberté sont-elles donc inconciliables ? Chose bizarre ! les plus grands ennemis et les amis les plus ardents de la religion ont été souvent du même avis sur cette question. Diderot pense comme M. de Maistre, et Voltaire comme M. de Bonald ; seulement les deux partis, d'accord sur les prémisses, arrivent à des conclusions différentes. Les uns prétendent établir la tolérance sur les ruines de l'autel ; les autres, pour sauver la religion, invoquent le droit de contrainte et maudissent la liberté de conscience comme un fléau. « *La tolérance, fille de la philosophie,*

sera la drnière persécution que l'Église ait à souf-
frir (1). »

Pour notre part, nous repoussons cette intolérance philosophique qui regarde la foi comme inconciliable avec la modération et l'équité : c'est là du fanatisme retourné. D'un autre côté, nous ne concevons pas que des hommes sincèrement dévoués à la religion aient répudié l'honneur d'une idée généreuse et éminemment chrétienne. Si l'on répète à tout propos que l'orthodoxie et l'esprit de persécution sont deux choses inséparables, on court risque d'effrayer un certain nombre d'hommes pacifiques qui voudraient bien rester orthodoxes sans être obligés d'approuver ou d'imiter les persécuteurs. Que la société païenne, avec son culte politique, avec ses dieux serviteurs de l'État, fût de sa nature défiante, implacable; qu'elle ait condamné Socrate à boire la ciguë; qu'elle ait livré les chrétiens aux bêtes, on le comprend encore; mais qu'une religion de paix, d'amour, de charité, ne puisse s'accorder avec le respect des consciences; qu'elle ait besoin d'autre arme que la persuasion, d'autre force que la vérité qui est en elle; qu'elle ne laisse d'autre alternative à l'homme que le zèle outré d'un inquisiteur ou l'indifférence d'un sceptique, c'est là une doctrine fausse, contredite par le bon sens et par les faits.

On a cité l'autorité de Moïse et de saint Augustin. Chaque parti l'a invoquée, ceux-ci pour justifier les ri-

---

(1) Lamennais, Essai sur l'indifférence. — V. aussi M. de Bonald, Mél., Disc. sur la tolérance.

gueurs, ceux-là pour les dénoncer comme la conséquence fatale du prosélytisme religieux. Sans vouloir discuter la valeur de ces exemples, sans insister sur la différence des temps et des sociétés, s'il s'agissait uniquement de fournir des autorités , nous trouverions dans les Pères de l'Eglise et même dans la Bible des préceptes tout opposés. Moïse ordonne de mettre à mort l'infidèle ; mais, quand le peuple juif sera établi sur la terre promise, quand il n'aura plus à craindre l'invasion des races et des mœurs étrangères, Ezéchiel écrira cet admirable verset qui semble l'annonce d'une loi nouvelle, plus douce, plus humaine, que le Christ apportera au monde : « *Non volo mortem impii, sed ut convertatur et vivat* (1). » Saint Augustin , effrayé par les progrès de l'hérésie, justifie dans un moment d'entraînement regrettable les persécutions contre les donatistes ; mais saint Jean Chrysostôme, dans le recueillement d'une foi calme et réfléchie, en face de l'Evangile, condamne les rigueurs commises au nom de la religion , et repousse toute espèce d'assimilation entre la loi humaine et la loi divine. « *Il est surtout défendu aux chrétiens de corriger par la violence les fautes des pécheurs... Mais, dans le monde, les magistrats, quand ils ont arrêté des malfaiteurs au nom des lois, déploient une grande autorité, et les empêchent malgré eux de se livrer à leurs penchants. Ici, au contraire, il faut rendre les hommes meilleurs, non par la violence, mais par la persuasion : car les lois ne nous ont pas donné la même autorité pour retenir les*

---

(1) Ezéch., ch. 12, v. 14.

coupables, et, les lois nous l'eussent-elles donnée, nous ne pourrions pas l'exercer, puisque Dieu ne couronne que ceux qui renoncent au mal volontairement, et non par contrainte (1). »

La tolérance n'est donc pas plus opposée à la lettre qu'à l'esprit de la loi chrétienne. Au point de vue religieux, elle est aujourd'hui surtout le parti le plus sage et le plus avantageux, nous dirions volontiers le plus habile, si l'habileté devait compter pour quelque chose dans les questions de justice et d'humanité. L'hérésie, qui est toujours un malheur, ne devient un danger que là où règne le droit de contrainte, parcequ'elle force les dissidents à renverser, dans l'intérêt de leur foi et de leurs personnes, l'autorité armée du glaive pour les combattre. Avec la liberté, elle se trouve réduite à l'état d'erreur pacifique. En perdant le prestige attaché à toute cause persécutée, elle perd aussi le plus sûr moyen de se répandre. La tolérance a moins donné de partisans à la réforme que les bûchers. Enfin, au point de vue politique, la liberté de conscience est devenue un besoin social ; elle est la conséquence légitime de la séparation établie entre les deux pouvoirs, le corollaire indispensable de l'égalité civile, qu'elle entraînerait dans sa chute. Elle n'a point seulement pour elle la force aveugle du fait accompli, mais la valeur d'un principe proclamé par la raison, accepté par la foi, consacré par les lois. Ainsi comprise, elle n'est plus une victoire de parti, une concession arrachée de force à la religion par la philosophie ou la politique; elle est tout simplement un droit, qui a eu

---

(1) Traité du sacerdoce, liv. 2, ch. 2, trad. de M. Raynaud.

son avénement dans le monde au jour marqué par la Providence. La vérité ne s'est pas révélée tout d'un coup sous
toutes ses faces. L'humanité a dù rester plongée pendant
quatre mille ans dans les ténèbres de l'idolâtrie, avant
que l'Evangile lui apportât une foi nouvelle. L'égalité
civile n'a pas été non plus l'œuvre d'un jour ; nos pères
ont lutté, souffert, versé leur argent et leur sang, avant
de la conquérir. La tolérance, elle aussi, nous est arrivée
après une longue série de guerres et de ruines, à travers
les déchirements du scepticisme et les orages de la liberté naissante. Il semble que Dieu ait dit à l'homme :
« *Tu gagneras tes droits comme ton pain, à la sueur de
ton front.* » Mais, une fois implantée sur le sol, la vérité
y jette de profondes racines. Inscrite la veille comme un
cri de guerre sur le drapeau des réformateurs, elle s'introduit le lendemain dans les codes des peuples avec
toute l'autorité d'un dogme sérieux et bientôt incontesté.
En même temps elle s'épure, se dégage des erreurs
auxquelles elle se trouvait mêlée. Jetée d'abord au milieu de l'arène des partis, compromise par leurs fautes
et leurs excès, elle passe dans des régions plus calmes,
où elle ne s'adresse plus à la passion, mais à la conscience et à la raison universelle.

C'est ainsi que, tout en acceptant la tolérance des
mains de Bayle, placés à une autre époque, nous pouvons la comprendre autrement que lui ; que, tout en
étant d'accord sur la conclusion, nous pouvons différer
complétement sur les prémisses. Bayle a jugé la question avec l'ardeur et l'impatience d'un homme qui combat au nom d'une vérité encore chancelante, incertaine,
repoussée par la grande majorité des esprits, contredite

par les mœurs et les institutions de la société. Nous la jugeons aujourd'hui avec le calme et la sécurité que donne la possession d'un bien assuré. Pour nous, la tolérance ne sera pas le résultat d'une négation prolongée, d'une protestation opiniâtre contre tout ce qui se fait ou se dit. Au lieu de l'appuyer sur le doute et l'indifférence, c'est-à-dire sur deux faiblesses, nous lui donnerons pour bases la liberté de penser proclamée par la raison et la charité recommandée par l'Évangile. Voilà comment nous prétendons la concilier avec la foi, comment nous en ferons une vertu active qui naîtra de la libéralité de l'âme, et non de l'absence ou de la sécheresse des convictions. Le XVIIIe siècle la tirait de la raillerie et du mépris dans lequel il enveloppait toutes les doctrines, se moquant à la fois de Descartes et de Moïse, des temps anciens et du moyen âge. De nos jours, elle s'inspire d'un sentiment tout opposé, du respect pour toutes les opinions honnêtes et consciencieuses. Cet esprit de déférence et d'équité, même envers les idées les plus contraires aux nôtres, est un des traits caractéristiques de notre temps.

Quoi qu'on fasse, la tolérance, loin de se restreindre, tend à se développer tous les jours. En France, au milieu de tous nos bouleversements et de nos exagérations en sens contraires, elle est restée inébranlable ; en Angleterre, elle a ouvert aux catholiques, elle ouvrira bientôt aux juifs, les portes du parlement ; en Hollande, elle inspirait naguère à l'Église wallonne protestante une noble démarche en faveur de la liberté menacée. Les passions des hommes, les défiances et les rancunes des partis, pourront l'entraver un instant ; mais qu'importe ?

elle poursuivra sa marche victorieuse à travers le monde, aujourd'hui par les notes de la diplomatie, demain sur les ailes de la vapeur ; elle fera tomber peu à peu les haines de sectes, d'écoles, de nations, et préparera l'accomplissement de cette parole du Christ : « *Je vous laisse ma paix, je vous donne ma paix !* »

Vu et lu,
A Paris, en Sorbonne, le 21 mai 1855,
par le doyen de la Faculté
des lettres de Paris,

J. Vict. LE CLERC.

Permis d'imprimer :
Pour le vice-recteur,
l'inspecteur de l'Académie,

A. DANTON.